全过程人民民主
广东江门·江海

江海 讲述

基层立法联系点实践集

江海基层立法联系点 / 编

中国出版集团
中国民主法制出版社

全国百佳图书
出版单位

图书在版编目（CIP）数据

江海讲述：基层立法联系点实践集/江海基层立法
联系点编. —北京：中国民主法制出版社，2024.6
ISBN 978-7-5162-3718-2

Ⅰ.D927.654.0

中国国家版本馆 CIP 数据核字第 2024EU6080 号

图书出品人： 刘海涛
出版统筹： 贾兵伟
选题策划： 张　霞
责任编辑： 张　霞

书名/江海讲述——基层立法联系点实践集
作者/江海基层立法联系点　编

出版·发行/中国民主法制出版社
地址/北京市丰台区右安门外玉林里 7 号（100069）
电话/（010）63055259（总编室）　（010）83910658　63056573（人大系统发行）
传真/（010）63055259
http：// www.npcpub.com
E-mail：mzfz@ npcpub.com
开本/16 开　710 毫米×1000 毫米
印张/24　字数/225 千字
版本/2024 年 7 月第 1 版　2024 年 7 月第 1 次印刷
印刷/北京天宇万达印刷有限公司

书号/ISBN 978-7-5162-3718-2
定价/88.00 元

在浩瀚的立法长河中，江海基层立法联系点将基层民主的点滴汇入国家立法事业的江河湖海。从 2015 年成为江门市、广东省基层立法联系点至 2020 年升级为"国字号"基层立法联系点，她已逐渐成长为我国基层民主法治建设的区域加速器和瞭望站。这些年，她不仅见证了基层民主的蓬勃发展，更在无数次的立法建议征集等活动中，汇聚基层民意，彰显基层智慧，展现南粤风采。

在这本《江海讲述——基层立法联系点实践集》中，我们通过丰富的资料、案例以及群众的真实感受，全面展示江海基层立法联系点如何做好"全过程参与立法的重要阵地、发挥人大代表作用的重要平台、讲好民主法治故事的重要窗口"，为践行和推动全过程人民民主不懈努力。全书分为四大部分：序、正文、附录、后记，共 22 万字。

在序言部分，简要介绍了江海区人大常委会成为基层立法联系点，特别是升级为"国字号"基层立法联系点的背景、发展历程以及其在国家、地方民主法治建设中的基层站点定位。同时，探讨了江海基层立法联系点通过开展相关工作，对基层治理、区域发展以及国家立法产生的推进作用和正向影响，并以此展望未来的发展方向。

正文部分共分为三章，在第一章"民主立法　江海有我"中，我们深入挖掘江海基层立法联系点的核心价值，着重记录积极参与国家立法的基层群众、行业协会和其他单位组织等与基层立法联系点之间的联系与纽带。通过他们的自述，展现近些年基层民主法治建设中极具生命力和创造力的实践方式。在第二章"侨都故事　凭栏述说"中，我们更多介绍身处"中国侨都"江门的江海基层立法联系点如何面向世界。在普通民众、港区全国人大代表、侨民眼中的江海基层立法联系点是怎样立足侨乡、讲好中国民主法治故事，成为国家宣传宪法法律和展示民主法治进程的窗口。在第三章"来自人民　不负重托"中，我们探究了江海基层立法联系点与人大代表工作之间的紧密联系。通过记录人大代表的履职故事，展现两者如何相互促进，充分发挥人民代表大会制度优势，为基层民主法治建设作出贡献。

　　在本书正文之后，我们还增加了附录，包括"媒体报道"和"大事记"两部分。首先是通过媒体的笔触记录，展示江海基层立法联系点的发展历程和成果。近年来，江海基层立法联系点受到了越来越多的关注，作为全过程人民民主的生动实践，多次获得媒体报道。人民日报、光明日报、中国日报、法治日报、检察日报、南方日报、南方周末、中国人大、民主与法制、中国人大网等中央和地方主流媒体的深入报道，既肯定了江海实践取得的成绩，也为推动中国民主法治建设发出了有力的声音。通过媒体宣传，江海基层立法联系点进一步扩大了影响力，将一个个普通民众参与民主法治建设的故事传递到海内外，吸引更多人了解和参与全过程人民民主的实践。各方媒体对本书撷采相关通讯报道给予的支持，此处一并感谢。

同时，我们还对近年来江海基层立法联系点的发展历程和重要时事节点进行梳理和概括，形成"大事记"，让读者更加直观地感受江海基层立法联系点在推进全过程人民民主中的具体工作。

通过本书，我们希望为读者呈现出一个真实、生动、立体的江海基层立法联系点，让更多人了解其在国家立法中的作用和效能，特别是在坚持好、完善好、运行好人民代表大会制度，推动基层民主法治建设中所作的探索和努力。也希望本书能与其他地区推进全过程人民民主形成有益的借鉴和互动，引发更多人对基层民主法治建设的关注和思考，共同为我国法治社会建设贡献力量。

2024 年是中华人民共和国成立 75 周年，也是全国人民代表大会成立 70 周年、地方人大设立常委会 45 周年，谨以本书向祖国献礼。

　　南方有佳木，百年蔚成林。江门的沙洲岛上有株寿逾 400 年的古榕，经过长期繁衍，生发出上万株须根盘结的巨大树干，形成一榕荫庇十多亩河面、万千鸥鹭翔集于此的天然奇观。1933 年，著名作家巴金游览此地，写下了脍炙人口的散文名篇《鸟的天堂》，不仅成为岭南水乡风物的绝佳名片，更是江门厚重历史文化的特有记忆。与百年古榕郁郁葱葱恰又风华正茂一样，新时代里，全过程人民民主的"根系"深深扎进了江门，同榕树顽强的生命力一样，破土而出，拔节生长，形成了以江海基层立法联系点为代表，不断推进全过程人民民主的众多基层实践点。

　　基层立法联系点制度始于 2014 年。党的十八届四中全会审议通过的《中共中央关于全面推进依法治国若干重大问题的决定》提出，"深入推进科学立法、民主立法。加强人大对立法工作的组织协调，健全立法起草、论证、协调、审议机制，健全向下级人大征询立法意见机制，建立基层立法联系点制度，推进立法精细化"。2022 年，党的二十大报告对发展全过程人民民主、保障人民当家作主作出重要论述，要求"支持和保证人民通过人民代表大会行使国家权力""健全吸纳民意、汇集民智工作机制，建设好基层立法联系点"。从"建立基层立法联系点制度"到"建设好基层立法联系点",党中央对基层立法联系点工作提出了更高的任务要求。2024 年是建立基层立法联系点制度十周年,江海基层立法联系点盘点"大树年轮",也有着近十年的成长轨迹。

2015 年 5 月和 11 月,江海区人大常委会先后被确立为江门市和广东省人大常委会基层立法联系点。2020 年 7 月,江海区人大常委会成为广东省首家全国人大常委会法工委基层立法联系点。升级为"国字号"以来,江海基层立法联系点深入学习贯彻习近平法治思想、习近平总书记关于坚持和完善人民代表大会制度的重要思想,积极践行全过程人民民主重大理念,在地方党委领导下,真正发挥"全过程参与立法的重要阵地、发挥人大代表作用的重要平台、讲好民主法治故事的重要窗口"这"三项重要职能",在工作中着力建设好"习近平新时代中国特色社会主义思想的宣传点、人民代表大会制度的实践点、科学民主立法的运行点、法律法规的普及点"这"四个点",融合江海国家级高新技术开发区的新质生产力和中国侨都的特有区位优势,奋力描绘新时代全过程人民民主"岭南画卷"。

近年来,江海基层立法联系点在实践中不断探索,一步一个台阶,深入思考如何更好地让基层群众全过程参与立法,发挥人大代表作用和讲好民主法治故事,不仅逐步形成了基层立法联系点的典范效应,也将全过程人民民主的种子播撒在了广袤土地上。

一是做好习近平新时代中国特色社会主义思想的宣传点，不断提高政治站位，坚持以人民为中心的发展思想，努力搭建党和群众的"连心桥"，以基层站点做实宣传党的路线、方针、政策下基层。畅通江门基层干部群众与国家最高立法机关之间的"直通车"，为国家立法挖掘更多来自基层一线的高质量建议。吴腾信、董淑猛、唐桐训等普通群众，正是通过江海基层立法联系点，实现了与国家最高立法机关的直线沟通。随着越来越多普通群众的意见被反映、吸收和采纳，基层立法联系点在民间有了"真管用"的名声，"直通车"的工作模式"火了起来"。升级为"国字号"以来，江海基层立法联系点已经组织群众完成 87 项立法意见征集任务，累计整理上报 1933 条，被采纳 218 条。

二是突出侨乡特色，充分发挥地处粤港澳大湾区、侨胞集中、产业集群发展水平高、人大基础工作扎实等特点，成为全球华侨华人观察和了解中国的重要窗口，向全世界展现中国式民主的生动气象和独特魅力。外籍政要友人、港澳同胞、海外侨胞侨眷华人来到江海基层立法联系点参观时，说得最多的话就是"很惊讶""没想到"。将"没想到"的感受变成一个个"看到的、感受到的、知道的"中国故事，原原本本地带向世界，是江海基层立法联系点反映真情实感、内容浸润人心的具体效果。江海基层立法联系点用实际举措让海外侨胞和归侨侨眷更有归属感和获得感，紧紧依靠侨联及江门籍侨领、侨商广泛听取广大华侨对国家立法工作的意见建议，帮助地方立法《江门市华侨华人文化交流合作促进条例》征集意见，营造地方法治化、市场化、国际化一流营商环境，以维护海外侨胞和归侨侨眷合法权益。

三是深深扎根群众，一方面产生大量言辞恳切的"金点子"，将"沾着泥土、带着露珠、冒着热气"的人民心声直送国家最高立法机关；另一方面立足人大工作，发挥代表作用，利用基层立法联系点与代表联络站一体化建设的优势，畅通线上线下结合的汇聚民智民意渠道，推动解决"走上门反映"的民生实事，解决群众"急难愁盼"。当每一次区县内的全国、省、市、区四级人大代表在江海基层立法联系点一同传达学习全国"两会"精神，推动思考如何更好地开展立法意见征集、实现代表履职、夯实人大监督、拓展法治宣传等工作时，人民代表大会制度也实现了"血脉贯通"。

四是创新并巩固工作制度和方法，以有实效为最终检验，不断提升和完善具体工作。榕荫下的"板凳会"、家门口的"议事厅"等民间交流形式不断发展，江海基层立法联系点的"八步流程工作法"、"四步工作信息闭环"、织密工作流程"全网络"，让原汁原味的方言土语，跨越山海，沙里淘金，沉淀入法。为了更广泛征集意见，江海基层立法联系点积极链接全国、省、市资源，先后被确定为广东省总工会立法调研与普法宣传基地、江门人大全过程人民民主实践基地、江门市委党校现场教学点；设立了59家立法联系单位；与中国人民大学法学院、中山大学法学院等国内著名高校的法学院合作共建；建立121名专家学者、专业人士组成的立法联系咨询专家库；组建由61名立法联络员、350名信息员构成的立法联系工作队伍，做到扎根江海、立足江门、辐射广东、展望湾区。

正如很多来访者所说，江海基层立法联系点虽小，但在新时代民主法治建设的蓬勃局面中，仍可以有大作为，体现全过程人民民主的大气象，讲述国家民主法治的大故事。

《江海讲述——基层立法联系点实践集》一书以生动笔触、鲜活事例，管窥江海基层立法联系点探索"开门立法"和发展全过程人民民主的生动实践，书中无论是吴腾信与他了不起的小卖部、董淑猛的山区麻风病医院，还是"假肢女孩"谢仁慈，抑或是扎根田间9年的农场场长陈爽荣、华侨企业人崔渌芹的故事，都十分吸引人。范围涵盖了普通群众、立法联络员、立法信息员、港区人大代表、华侨、立法联系单位、人大兄弟单位、江海人大本单位工作人员等多个视角，有男有女，有老有少，有群众和党员，有四级人大代表，有外宾和华侨华人，基本展现了近十年来江海基层立法联系点"日拱一卒"践行全过程人民民主的工作状态，反映了群众关注、侨乡文化和时代特点，是对江海基层立法联系点工作的全景式描绘。

亲吻脚下的土地，同时面向未来，江海基层立法联系点将继续作为联系群众的桥梁、民主协商的平台、宣传法治的阵地、立法工作的窗口、贯彻落实全过程人民民主的实践载体和展示中国特色社会主义民主的舞台，做好基层的实事、成为基层的典范，让更多的群众和来访者，自发地成为讲述中国民主法治故事的主角，用朴素的语言、动人的故事、真实的感受，描绘他们所感受到的最广泛、最真实、最管用的民主滋味。

全国人大常委会法制工作委员会江海基层立法联系点
活动中心外景

全国人大常委会法制工作委员会江海基层立法联系点
活动中心内景

目　录

第一章 民主立法　江海有我

全过程参与立法的重要阵地

1. "了不起"的小卖部传出立法的人民之声　　　　3
　　吴腾信

2. 为防治麻风病施策　为国家立法献计　　　　8
　　董淑猛

3. 与江海基层立法联系点的"双向奔赴"　　　　13
　　陈兆龙

4. "家门口"就能参与立法的"特快专道"要用好　　　　18
　　区凤莲

5. 参与国家立法　体会人民当家作主　　　　24
　　唐桐训

6. 江海基层立法联系点虽"小"却有"大担当"　　　　29
　　陈雨旺

7. 铅笔写下的立法意见终被采纳　字迹会淡化法律却永恒　　　　35
　　袁有学

8. 充当基层立法的"参谋智囊"　　　　41
　　谭社芬

9. 为科技发展贡献立法"金点子"　　　　46
　　丁雪梅

10. "沾泥土""带露珠"的基层民意　　　　　　　　　52
　　陈奭荣

11. 我们的意见被听见　是全过程人民民主的体现　　57
　　谢仁慈

12. 农户参与立法基层民主新实践　　　　　　　　　63
　　胡可滢

13. 以基层联系点的多元共建机制打造人大立法与
　　政府立法"1+1>2"的江门样本　　　　　　　69
　　芶晓彤

14. "聚民意"与"司法为民"相融合　　　　　　　75
　　吴火亮

15. "开门立法"架起税务机关与纳税人的桥梁　　80
　　何英磊

16. "薯类"被明确纳入法定的粮食范畴　基层的声音被听见　85
　　张仁杰

17. 以基层立法阵地实践村民民主议事　　　　　　89
　　胡日强

18. 让全过程人民民主在社区落地开花　　　　　　95
　　李小霞

第二章　侨都故事　凭栏述说

讲好民主法治故事的重要窗口

1. 江海基层立法联系点：地方不大　意义非凡　　105
　　霍启刚

2. "零距离"接触全过程人民民主   110
    曹　虹

3. 非洲英语国家议员代表团："这样广泛的代表性，
    我只在中国看到过"   115
    陈晓岚

4. 斐济议会副议长奎里奎里塔布阿：
    "人民就是江山"的江海实践给我留下深刻印象   120
    李艳华

5. 牵线搭桥　讲好中国民主立法故事   125
    陈文添

6. 以己为桥梁　助力法治江海打好"侨"牌   130
    崔渌芹

7. 给江海基层立法联系点添"侨味儿"   135
    沈小莹

8. 童言解读全过程人民民主   141
    孟　宗

9. "宪法在身边　走进江海"活动心得   147
    罗敏诚

第三章 来自人民　不负重托

发挥人大代表作用的重要平台

1. 江海人大代表联络中心建成记   151
    林壮强

2. 人大工作评议会来了"旁听生"   157
    曾梓欣

3. 在代表建议里"挖出"安全畅通之路　　　　　**161**

　陈俭能

4. 我从基层来　敢为人民代言　　　　　　　　**165**

　马锦德

5. 解决城市"堵点"　做好群众代言人　　　　　**170**

　周建华

6. 聚焦青年"双创"　打造出新一代产业共融生态圈　　**177**

　区倩婷

7. 把老旧小区"改"到群众心坎上　　　　　　　**182**

　赵焕媚

8. 答好"民生卷"　践行全过程人民民主　　　　　**188**

　陆月如

9. 我向选民来述职　也从群众中汲取"大智慧"　　**193**

　曾秀梅

附　录

媒体报道　　　　　　　　　　　　　　　　**200**

大事记　　　　　　　　　　　　　　　　　**347**

后　记

　　　　　　　　　　　　　　　　　　　　　354

第 一 章
民主立法 江海有我

全过程参与立法的重要阵地

开篇语

　　江海基层立法联系点设立近十年，全过程人民民主的根系在江海区不断扎根，59 个立法联系单位，121 名立法联系咨询专家，61 名立法联络员和 350 名信息员，形成扎根江海、覆盖全市、辐射全省的基层立法联系点"矩阵"，涌现了吴腾信、唐桐训、区凤莲等一批踊跃参与国家民主立法的基层干部群众。在广场中、榕树下、田埂边，他们的"金点子"通过江海基层立法联系点直通全国人大，闪耀在国家法治完善的恢弘图景中。

"了不起"的小卖部传出立法的人民之声

江海区礼乐街道威东村 吴腾信

2023年4月26日，对我来讲意义非凡。

那天下午，天气微凉，我像往常一样，坐在礼乐街道威东村"爱心小卖部"收银台前铺开的竹席上乘凉，与前来购物的村民聊家常，找快递。就在这时，一群特殊"客人"走进了我的小卖部。

时任全国人大常委会法工委办公室主任孙镇平到礼乐街道威东村
探望积极参与无障碍环境建设法（草案）立法意见征集活动的
残疾群众吴腾信（右一）

刚进门，一位客人健步走到我的面前、俯下身，蹲着握住我的双手，微笑地跟我说话。原来，是时任全国人大常委会法工委办公室主任孙镇平。这次他特地来到广东调研，抵达江门的第一件事，就是过来看望我。

由于我的双腿行动不方便，不能站立，只能在竹席上挪动身子。孙镇平就近坐下，和我聊了起来。

人生第一次参与国家立法

因为从小在村里长大，没有出过远门，第一次看到这么多来自北京的"客人"，我紧张得说不出话来，脑子里更是一片空白，我怎么也没想到自己提的意见竟得到了全国人大常委会的关注，更没想到他们还专门来店里看我。

坐在板凳上的孙镇平，十分亲切，向我赠送了全国人大常委会法工委负责编写的《经国之本：中国共产党对国家制度和法律制度的百年探索》，并简单介绍了里面的内容。他说："你提了很多意见，对国家法治建设很有帮助，非常感谢。"

我紧张的心情慢慢放松，带着方言说："感谢党、政府和村的关怀和鼓励，让我有机会将农村残疾人的心声反映到中央。"

我的建议是在江海区人大常委会组织的一场"板凳会"上提出的，那一次，也是我人生第一次参与国家立法。

2022年11月29日，江海基层立法联系点组织调研组走进威东村，搬着板凳来到像我这样的残疾人、老年人等有特殊需求群体的身边，围绕无障碍环境建设法（草案）征集民意。我作为残疾人代表，有幸参与。在会上，我结合自身的情况，提出了"优化农村无障碍设施，方便农村残疾人出行"的建议。

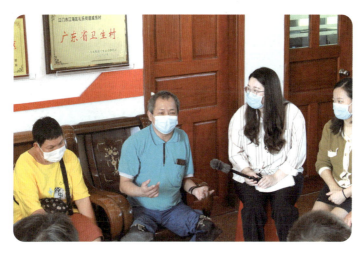

吴腾信在无障碍环境建设法（草案）
立法意见征集"板凳会"上发表意见

因患小儿麻痹症导致身体残疾，我出远门要依靠一辆助力代步车。

2016 年，我所在的工厂倒闭，成了下岗工人。后来，威东村党总支出资帮助我开了一家"爱心小卖部"。在村里，大家很照顾我的生意，尽量帮助我，我免费帮大家代存快递。

随着生活状况的改善，我更加关心身边残疾人的情况，积极参与村务治理。

其实，威东村帮助残疾人的基础设施很早就有了，台阶旁的坡道、公共卫生间的安全扶手等设施在我们村随处可见，因此还获得"全国示范性老年友好型社区""广东省乡村治理示范村"等荣誉称号。

此外，村里还设立扶贫工作坊，聘请像我这样的残疾人做手工，提供有尊严的工资保障。在村里，我享受到了无障碍设施的便利，希望其他村子的残疾人朋友也能享受到，所以提出了这条建议。

希望更多人参与国家立法

2023年5月6日，我再次被邀请到江海基层立法联系点活动中心参观学习。

在现场，看到我的故事被展示在江海基层立法联系点活动中心宣传栏中，还有许多其他各行各业的人，他们针对不同的法律草案提出了立法意见。工作人员告诉我，这些故事都是全过程人民民主实践的生动案例。

以前，我总觉得立法好像很遥远，也没想过能够参与国家立法。现在，我知道，它是触手可及的，咱们老百姓也可以通过基层立法联系点，参与国家立法。

从工作人员那里，我得知，随着我在"板凳会"上发言的照片和我的建议被送到北京，我的事迹感动、鼓舞了许多人。

现在，来我小卖部买东西的客人也越来越多。

这一切对我而言，是最大的褒奖，也是无言的激励。当天，在深入学习无障碍环境建设情况的基础上，我再次对无障碍环境建设法（草案）提出新的建议。

2023 年 6 月 28 日，十四届全国人大常委会第三次会议表决通过《中华人民共和国无障碍环境建设法》，自 2023 年 9 月 1 日起施行。

听到这个消息，我对未来更加充满信心。

现在，我也有了新的身份——江海区践行全过程人民民主的优秀代表，还被评为 2023 年第三季度"江门好人"，小卖部的生意也更加兴旺，全过程人民民主也受到越来越多人的关注。今后，我会积极主动地收集大家的意见，通过基层立法联系点等平台建言献策，为国家立法、为残疾人事业继续贡献自己的力量。希望江海基层立法联系点的"直通车"开向最基层，引导更多群众广泛参与国家立法意见征集活动，让全过程人民民主在江门大地落地生根、开花结果。

为防治麻风病施策　为国家立法献计

江门开平市玲珑医院　董淑猛

从江门城区到开平玲珑村，相隔 100 多公里，最后一段行程还需要沿着蜿蜒于山林中的小路徒步才能抵达。

玲珑医院就位于玲珑村的大山深处，2023 年 11 月 20 日，江海基层立法联系点的工作人员来到这里，开展传染病防治工作调研，了解玲珑村和我们防治麻风病的情况，特别是就《中华人民共和国传染病防治法（修订草案）》向我征集意见和建议。

玲珑医院是一所麻风防治专科医院，属公益一类事业单位，成立于 1956 年，次年 1 月 7 日开始收治病人，主要承担开平市麻风防治和康复疗养任务，为住院麻风康复者提供免费基本医疗和管理服务。其中，有数十位麻风康复者长期住院，由于麻风后遗症导致很多康复者眼睛、面部等部位有不同程度的损伤，手、脚留下残疾，部分康复者下肢截肢，生活不便。

2004 年，我刚从大学毕业，便同我的妻子徐娜一起来到了玲珑医院，将青春献给了麻风病防治事业。在这里，我们建立医疗质量保障体系，为病人提供全方位的优质医疗服务，改善医院基础设施，使玲珑村面貌焕然一新。从峰值期需医治400多名病人到持续监护30多名麻风病老人，从病症高发到基本消灭，我带领玲珑医院栉风沐雨、披荆斩棘，见证着民众对麻风病人从充满恐惧到消除偏见。

江门市开平市玲珑医院院长董淑猛

　　因与麻风病打了20年的交道，比较熟悉防治传染病这个行业，对于传染病防治法这部法律的修订草案，我也比较关心。

　　据我所知，传染病防治法于1989年公布施行，分别于2004年、2013年进行了全面修订和部分修改。传染病防治法的实施，对有效防治传染病、保障人民群众生命健康发挥了重要作用。修改法律的过程，也是我们不断深化对传染病认识的过程，这里面凝聚着经验、包含着血泪，更汇聚着战胜传染病的决心。

尤其是新冠肺炎疫情三年，一定程度上反映出我国在应对新型传染病防控过程中还存在薄弱环节，特别是在传染病暴发早期的监测、疫情防控意识以及传染源锁定等方面略显不足，疫情防控初期信息发布相对滞后，疫情防控前期医疗机构救治与疾病预防控制机构协调配合机制不畅通等问题较为突出，需要将解决这些问题的好经验、好做法固定下来，及时对法律进行修改完善。

对于这些问题和近年来防治传染病模式的巨大转变，身居传染病防治一线的我，体会更深刻。接到修订草案后，我认真阅读，并发动了其他几位医生一起开会研讨，最终向江海基层立法联系点反馈了两条立法建议：一是建议综合考虑传染病暴发程度，对传染病防治工作中医疗机构责任人员的处罚方式和力度予以科学化规定；二是建议进一步细化传染病防治工作中津补贴发放标准，增强法条实操性，激励广大医务人员投身传染病防治事业。

总体来说，我认为这部法律的修订草案还是比较成熟的，但在一些具体规定和实操方面，还需要进一步明晰和细化。从事传染病防治的一线人员，都属于高危职业人群，国家颁布了一些关爱激励保障政策，但是在具体操作上还并不清晰。因此，我希望这部法律草案能进一步加强对一线医务人员的关心关爱，使我们始终保持强大战斗力，以昂扬的斗志、旺盛的精力持续投入传染病防治的工作中。

在这部法律修订草案意见征集过程中，我也体会到就在身边的全过程人民民主。

习近平总书记指出："民主不是装饰品，不是用来做摆设的，而是要用来解决人民需要解决的问题的。"一方面，全国人大常委会法工委在基层设立立法联系点，为基层群众参与立法提供了新捷径；另一方面，江海基层立法联系点的工作人员深入基层，到像我们这样的山区乡村听取群众的声音，尤其是从事传染病防治的农村一线工作人员的心声和建议，这在以前是不可想象的，真正发挥了立法"直通车"的作用。

我的意见提出后，江海基层立法联系点的工作人员还多次与我联系，核实实践中的通常做法与背景情况，并上报国家最高立法机关。接下来，我也会继续关注这部法律修改的进展，希望有机会到江海基层立法联系点参观学习。与此同时，我还会积极做好麻风病等传染病防治的科普工作，在给群众的科普材料中也要补充法律知识，让他们知道这些都是法律明确规定的内容。

玲珑医院风风雨雨数十年的印记，正是全国麻风病防治事业的缩影，应该成为我们的珍贵记忆。这些年，我和妻子徐娜认真整理玲珑村康复者使用过的旧物件、发生过的小故事，用

心记录他们的生活片段，还聘请曾走访过 160 多个麻风村的退休记者黄焱红为"首席专家"，全身心投入博物馆的建设中。

2023 年 6 月，玲珑家园党员教育基地落成，先后成为扬州大学、广东金融学院、华南理工大学工商管理学院的社会实践基地，开展传染病防治科普工作。同年 12 月 17 日，一辆由报废的小汽车改造而成的车载麻风博物馆正式对外开放，主要用于麻风科普，为相关知识的宣传和普及添了一把火。未来，我将继续做好传染病防治的普法工作，让法律为我们的健康保驾护航。

与江海基层立法联系点的"双向奔赴"

江门市公安局江海分局江南派出所　陈兆龙

"治安管理处罚法就要修订了，想听听大家对修订草案的意见建议。"2023 年 9 月 21 日，我在江门市高新区火炬大厦一楼的江海基层立法联系点参加了一场关于《中华人民共和国治安管理处罚法（修订草案）》的征求意见座谈会。和我一起参加的，还有公安分局的多名一线民警，大家针对几乎每天都要使用的"工具法"，各抒己见，踊跃讨论，场面十分热烈。

根据自己的工作经验，治安管理处罚法是基层公安派出所使用最频繁的一部法律。这部法律第一条就明确规定了法律的任务，即维护社会治安秩序，保障公共安全，保护公民、法人和其他组织的合法权益，以及规范和保障公安机关及其人民警察依法履行治安管理的职责。现行治安管理处罚法是 2005 年 8 月制定、2006 年 3 月正式实施的，2012 年 10 月曾做过一次修正。而此次对治安管理处罚法进行修订，是该法实施近 20 年以来的首次大修，一旦修订完成，不仅对更好地维护社会治安影响深远，而且对我们一线执法的公安民警来说也尤为重要。

我们在工作中，常把治安管理处罚法称为"小刑法"，可见这部法律是"长牙齿"的。

陈兆龙（左五）参加治安管理处罚法（修订草案）征求意见座谈会

因此，当得知可以通过江海基层立法联系点这辆"直通车"向全国人大常委会法工委直接反映治安管理处罚法的修改意见，我非常兴奋。

从警十多年来，我先后荣立嘉奖二次、个人三等功二次，2023年5月被评为"侨都卫士"。我曾带领专案组侦破了全国首例帮助未成年人通过游戏人脸识别认证专案；在江海分局治安管理大队任职期间，我还成功侦破多宗涉黄、赌团伙案件，推动全区涉黄、赌警情分别下降34.33%、34.16%。十多年的从警生涯，为我在治安管理工作中积累不少经验，也在实践中发现了治安管理处罚法有待修改和完善的问题。这些问题在执法实践中困扰已久，特别期待通过修改法律得以解决。此外，随着经济社会的高速发展，各种新矛盾、新纠纷增多，且呈现多样化、复杂化发展趋势，有必要对治安管理处罚法进行必要的升级。

陈兆龙（右一）与同事认真讨论治安管理处罚法（修订草案）

以我工作的江海区为例，近年来，随着社会经济快速发展，附带行业竞争以及市场行情下滑等种种因素，江海区休闲按摩服务场所不断地进行转型升级，按摩场所经营者为了提升服务品质吸引顾客，最大限度增加营收，在按摩场所提供 KTV 服务，以此来延长顾客消费时间，让顾客进行二次消费。《娱乐场所管理条例》规定，娱乐场所是指"以营利为目的，向公众开放、消费者自娱自乐的歌舞、游艺等场所"，KTV 服务属于娱乐场所的经营项目，公安机关应当依法"负责对娱乐场所消防、治安状况的监督管理",同时相关娱乐场所应当向公安机关备案。但是,由于相关法律、法规均没有对超出经营范围营业的场所是否属于娱乐场所作出明确规定,从而在执法时能否依法管理,是否会干扰经营业主营业,以及运用何种依据执法等方面,存在很多疑惑。一些案子办是办了,但是心里没底。因此,我提出的一条意见便是"将按摩场所纳入娱乐场所管理主体,加强对按摩场所的有效监管",在治安管理处罚法中将"娱乐场"修改为"娱乐场所"。

在治安管理处罚法修订草案征求意见的过程中,我了解到,江海基层立法联系点通过走基层、进村(居)和社区开展调研,也收到了来自社会广大公众的不少意见和建议,就连我认识的许多朋友,也纷纷加入对该草案提出意见和建议的队伍中。后来,江海基层立法联系点再次召集我们开评审会,利用我们的工作经验与专业知识逐一审核修改意见的合法性与合理性。我们也积极配合,主动将收集到的"群言群语"有效转化为"法言法语"的修法诉求。

我觉得江海基层立法联系点的工作模式特别新颖,很有意义,让普通群众能够有机会参与国家大事。作为基层一线执法人员,能够参与治安管理处罚法修订草案征求意见活动,让执法和立法实现联动,我认为,这是与江海基层立法联系点的一次双向奔赴的过程。同时,江海基层立法联系点工作人员具有很高的工作热情,他们通过灵活多样的方式、渠道征集群众立法意见，并将收集到的意见建议进行修改完善，上报国家最高立法机关，切实将全过程人民民主落到实处。

近年来，我还发现，江海区居民法治观念明显增强，办事依法、遇事找法、解决问题用法、化解矛盾靠法的法治环境显著改善，这大概与江海基层立法联系点设立在我们区有一定的关联，他们将立法意见征集的过程转化为宣传普及法律法规、弘扬法治精神，倾听民意、反映民声的过程，充分发挥宣传普及法律的作用，进一步维护和规范社会秩序，让立法成果惠及更多基层群众。

"谁执法谁普法"，作为一线执法部门，我们也将践行执法普法宣传责任，推动治安管理进一步走向良法之治，更好地维护社会生活的有序和安宁，守卫人民群众的生命和财产安全。

"家门口"就能参与立法的"特快专道"要用好

江海区外海街道墟镇社区　　区凤莲

我是一名市人大代表，也是一名基层干部，目前就职于外海街道墟镇社区。

基层工作千头万绪，纷繁复杂，许多年轻干部急成了"热锅上的蚂蚁"，捧起了"烫手山芋"，有时候要扬得起"笔杆子"，也要做得了"泥腿子"。然而，我却在这些困难中找到了乐趣，那就是"挑毛病"。从办公室走到田埂间，我用方言土语与群众推心置腹，挑毛病，找问题，解难题。

2023年初，我当选为江门市人大代表，这让我有更多机会、更近距离地参与地方人大的立法工作，也与江海基层立法联系点建立了紧密的联系，在立法意见征集过程中发挥自己爱"挑毛病"的优势。

用好基层立法联系点"特快专道"

2020年7月，江海区人大常委会被确定为全国人大常委会法工委基层立法联系点，得知这个消息，我按捺不住内心的激动。

我想，国家级基层立法联系点就在"家门口"，立法真正"接地气"，这个机会必须倍加珍惜，这个"特快专道"不能白浪费。

在生活和日常工作中，爱"挑毛病"的我又"一根筋"地开始"找问题"，无论是在生活中还是在谈论工作中，我都喜欢主动拉上立法话题。

我认为，立法为了人民，就得依靠人民，只有广泛听取群众的意见，才能真正将良法立好、践行好全过程人民民主重大理念。每当江海基层立法联系点举行立法意见征集座谈会，我不管多忙，每场必到，用一句简单的话来说，就是"机会难得，不来可惜"。

我从不打无准备之仗，在每一次开会之前我都会反复走访、实地调研，确保"调"有真相、"调"出成效，实实在在反映基层声音，推动国家法治进步、激发社会活力。

因在社区工作中经常接触青少年，我对爱国主义教育法十分关注。2023年3月，在江海基层立法联系点举行的十四届全国人大常委会立法需求及立法工作意见建议座谈会上，我就青少年在爱国主义教育问题上，提出立法需求。我认为，爱国主义教育不仅是中华民族生息发展的需要，也是当今青少年健康成长的重要课题。

我发现，目前我国在青少年爱国主义教育方面不够完善，特别是在高校，有个别老师甚至倡导外国教育和生活方式，对学生造成一定误导。

所以，我提出建议，学校、家庭、政府部门、社会组织要将爱国主义教育融入青少年德、智、体、美、劳"五育"之中，用好传统和新媒体手段，把抽象的爱国主义认知有效传导给孩子，引导青少年树立正确的世界观、人生观、价值观，通过聆听红色人物故事、观摩红色教育基地等方式，让孩子们认知国家的概念和意义，感知爱国的情感。同时，建议制定相关法律法规，规范对青少年爱国主义教育的指引，加强对教育工作者的管理。

2023 年 5 月，在外海街道麻三村人大代表联络站，江海基层立法联系点开展爱国主义教育法草案意见征集活动，我再次建议，要加大弘扬中国传统节日文化的力度，适当增加传统节日假期，结合爱国主义教育营造浓厚的节日氛围。

没想到，我的意见和建议通过江海基层立法联系点这条立法"特快专道"直达全国人大常委会法工委，引起了国家对青少年爱国主义教育的重视。

2023 年 6 月，爱国主义教育法草案首次提请十四届全国人大常委会第三次会议审议，我提出的建议得到了全国人大常委会法工委的认可。同年 10 月 24 日，十四届全国人大常委会第六次会议表决通过了《中华人民共和国爱国主义教育法》，自 2024 年 1 月 1 日起施行。

区凤莲（左四）参加爱国主义教育法草案征求意见座谈会

我深切地感受到，群众的意见通过搭乘江海基层立法联系点这趟"特快专道"直达北京，群众和立法机关之间的距离变得越来越近，全过程人民民主是真实的、可触的。

让社情民意成为高质量立法的"源头活水"

社区工作千头万绪，尤其是老旧社区治理，"痛点"、难点问题很多，涉及的法律法规仍有不少问题亟待完善。

外海街道墟镇社区是一个老旧小区，可以追溯到 1970 年 1 月，那时候叫作"外海镇居民办"，所有的外海籍非农户口人员受其统一管理。这个社区主要特点是"三多"：历史遗留问题多、老弱病残人员多、老化的市政设施多。

随着外海街道工业的强劲发展，外来人口的不断涌入，在这2平方公里的小小区域，承载着近1.6万常住人口，分布在8个半新半旧的住宅小区和4个古老居民区。

现在，本地居民与外来人员交集相处，有小部分居民甚至分散在其他村（居）居住；辖区内有学校、商铺、农贸市场、文化活动场所等，成为典型的融合型老旧社区。

面对如此复杂的社区环境，作为社区党支部书记，我感觉承担的责任很大、肩头担子也很重。作为一名人大代表，我有更多机会提出建议，应更努力地为民发声，这样才不会辜负人民选我当代表的期望。

建于20世纪80年代末的外海中心市场由于运行时间长，主排水设施老化，管道堵塞，路面污水横流，铺户与群众都苦不堪言。对此，我通过收集民意，实地查看后，向市人大常委会提出建议。2022年，我的建议被列入江门市民生"微实事"项目，改造后的市场干净整洁，群众好评不断。

2023年，当选江门市人大代表后，我充分发挥人大代表为人民的积极作用，积极参加各类履职活动，倾听民声，为社会经济发展建言献策，为社区居民解难题、促发展。例如，通过实地走访、调研座谈等方式，我获取民意，听取民声，结合江门市创建文明城市等契机，推动了老旧街区改造、"三线"整治等措施的落实。

"于细微处见精神"。我相信，看立法需求，找法治不足，还需在基层下功夫，在百姓身上花心思，只有深入基层，才能听到群众最真实的声音。

今后，我仍会立足基层，加强调研，有意识地将法律落实情况融入日常工作中，大力宣传国家法律，引导和鼓励居民群众尽情参与，把老百姓的声音"原汁原味"传递到国家立法机关，让民情民意成为高质量立法的"源头活水"。

5

参与国家立法
体会人民当家作主

江海区江南街道江翠社区　唐桐训

2023 年 1 月，"江海人大"微信公众号发布的一则文章让我兴奋不已。

文章中提到，2022 年 12 月，全国人大常委会法工委发言人在对外通报社会公众对法律草案提出的意见时，首次以"具名"方式反馈了吸收采纳意见的情况。其中，江海基层立法联系点对野生动物保护法（修订草案）提出的"建议增加野生动物保护管理信息公开、鼓励社会参与"的内容在修订草案三次审议稿中得到体现，这是江海基层立法联系点提出的意见建议首次获得全国人大常委会法工委的公开回应。而这条立法意见的提出者，正是我自己。

尽管全国人大的通报未直接点出我的名字，但在古稀之年收到这条反馈，我依然很高兴，这不仅是一种肯定，也是一份荣耀，更是一种激励。

全国人大常委会法工委首次具名感谢参与立法公民

2015 年 11 月，江海区人大常委会就已经是市级和省级基层立法联系点了。

就在那一年，江海基层立法联系点把我纳入了江翠社区立法意见义务收集员队伍。至此，我的退休生活沐浴春风，晚霞映辉。

成为立法意见义务收集员后，我几乎参加了社区所有活动，每次讨论会都是主动发言，同时还通过微信群等形式，提出与发表自己的看法和意见建议。在每一部法律法规草案讨论前，我都会花大量时间查找资料，然后对照条文，结合群众意见草拟我的看法和建议，甚至常常深夜或通宵赶稿子，写下自己的意见和建议。我觉得，参与国家立法是一个退休老党员应有的责任和使命。

2020 年 11 月，时任江翠社区党支部书记陈凤鸣在"立法意见交流群"更新了一则消息，号召我们对野生动物保护法（修订草案）提出修改意见。

看到这则消息，我不禁想起了自己童年时的一段经历。1961 年，也就是我 8 岁那年，一个冬天的晚上，我被一声惨叫惊醒：一只老虎跳进天井，叼走了一头受惊的家猪。像这种野生动物出没的情况还是很常见的，但在这之后几十年，老家湖南省永州市宁远县的山区里，连同老虎在内，豹子、野猪、野牛等野生动物的身影逐渐消失，这让我百感交集。

　　拿到法律修订草案后，我习惯性地对相关的立法文件、实践情况进行了解。现在，专业的野生动物保护员只是少数，我认为保护野生动物的工作需要更多的人参与。

唐桐训走街串巷征集社区居民立法意见

　　于是，我将自己的意见整理成文，发在了聊天群里，其中一条就是，只有全民提高整体素质和素养，共同具有保护野生动物的自觉意识和责任感，才能真正实现制定"野生动物保护法"的目的。

　　没想到，两年后，全国人大常委会法工委发言人在公开通报中提到，"广东省江门市江海区人大常委会和一些社会公众建议增加野生动物保护管理信息公开、鼓励社会参与的内容，经综合研究，在修订草案三次审议稿中增加……"

　　这意味着，我的建议和江海基层立法联系点提交的其他公众建议一同被吸纳。

看到自己的意见能够"直通"全国人大立法机关，我体会到人民自己当家作主的滋味，打心底里升起了在新时代当主人翁的自豪感，燃起了参与立法工作的热情。

法治建设之路一步一个脚印

立法在中国源远流长。我了解到，新中国第一部宪法就是由人民领袖毛泽东主席领导起草，经 1.5 亿人（当时全国仅有 5 亿人口）参与讨论，收集了 138 万条意见，归纳总结修改后通过的。

但是，形势在变化，时代在前进，法律体系必须随着时代和实践的发展而不断发展，各行各业的声音通过基层立法联系点上达国家最高立法机关，正是对我国法律完善的必要补充。

我认为，社区是最基层治理体系，是党和政府与人民群众直接联系的基层组织，是将党的路线方针政策和政府的政令法规与人民群众融会贯通的桥梁，是参与国家监督与治理的最好园地。

作为立法意见义务收集员，我充分发挥了身处基层的优势，走街串巷收集群众立法意见，广泛开展学法、普法、用法宣传工作，从电话沟通、家访到邀请参加小型座谈会、组织参观、开展法治论坛会，一步一个脚印，为国家立法贡献自己的力量。

在日常走访中，社区居民跟我说："从来没有像现在这样，普通老百姓小到学生，大到80多岁的老人都能参加学法立法，还能发表自己的意见和建议，这是多么难得的机会啊！"

唐桐训（前排左一）参加立法意见获采纳表彰仪式

现在，社区每次组织集中学习讨论会，参加立法意见征集的人迅速多起来，特别是通过榕树下开展法治论坛宣讲、学习、讨论、征求意见和建议，由开始一场只有十几人，逐步到五六十人，有的群众没有凳子就站着参加，抢着发言。这是前所未有的场景，感觉一下子拉近了国家立法机关与基层群众的距离。

能在这个时代的立法工作中发挥余热，我倍感欣慰和自豪，希望基层立法信息收集员反映的意见和建议能促进政府为广大群众解决问题，加速实现新时代的民富国强。

6

江海基层立法联系点
虽"小"却有"大担当"

江海区外海街道直冲村　陈雨旺

　　提起江门高新区，许多人会想到外海街道这个经济担当，而直冲村则是外海的"头雁"担当：直冲人口第一，有 5300 名常住人口；经济第一，全年村集体经济收入早早冲过 6000 万元大关；底蕴深厚，明洪武三年（公元 1370 年）开村，"龙溪"名号就指的是直冲，至今保存完整的"龙溪桥"，就坐落在直冲村委会前面，文化之乡、华侨之乡、鱼米之乡皆是直冲。

　　基于地缘、人文、经济发展等诸多优势，2020 年，江海区人大常委会被增设为全省首个全国人大常委会法工委基层立法联系点，直冲村被选为江海基层立法联系点首批基层立法联系单位。这些年，直冲村被委以重任，不负使命，给国家立法工作交上一份份满意的答卷。

　　作为直冲村党委副书记和基层立法联系单位的负责人，近年来，我积极组织举办《中华人民共和国农村集体经济组织法

（草案）》《中华人民共和国妇女权益保障法（修订草案）》《中华人民共和国农产品质量安全法（修订草案）》立法意见征集座谈会、十四届全国人大常委会立法需求及立法工作意见建议座谈会等，其中，对《中华人民共和国农产品质量安全法（修订草案）》提出的意见有两条得到全国人大常委会法工委的采纳。

陈雨旺（左二）在榕树下与村民一同讨论
农产品质量安全法（修订草案）

当选区人大代表　接受新的挑战

三年前，如何做好基层立法联系单位工作，对我来说，是一个全新的挑战。

我 20 岁就步入社会，进过厂、当过兵，接着退伍回乡，从 2000 年起，正式进入直冲村委会，从治安员做起，到担任村"两委"成员，再被选为村党委副书记，一干就是 23 年，在民兵、治保会、共青团等各个岗位得到了历练。

2021 年，我被选为江海区第十一届人大代表，开始接触人大代表工作，在此期间积累了宝贵的经验，对基层立法联系单位的工作我更是义不容辞。

补充基础知识是第一步。开展工作之前，我主动到江海区人大常委会法工委学习相关知识，提高自己的思想认知，理解设立基层立法联系点的重要意义。

基层立法联系点一头连着最高国家权力机关，一头系着基层群众。在立法过程中，江海基层立法联系点广泛汲取基层群众的意见，让立法在程序上更加民主，在立法内容上更能反映人民的意志，能更好地发挥立法在公平分配利益、妥善化解纠纷、维护社会和谐、促进经济发展方面的积极作用。

我也从中找到了作为一名村干部、区人大代表的工作重心。基层立法联系点的作用重在"联系"，需要聚集各方面的力量，扩大信息的收集面和意见征询的范围，引导群众有序参与立法规划、计划编制、法律和地方性法规草案意见征集以及法律通过后实施评估等工作，提高征集意见的针对性、有效性。

我明白，基层立法联系单位，点虽"小"却担当"大"，承载着推进民主法治建设的重大使命，是国家赋予我们的"特殊使命"。有了这个便捷方式，村民在自家门口就能对关切的法律问题发表意见、表达诉求，好的建议还会搭乘"立法直通车"到首都北京，被国家立法机关采纳，这是无上光荣的一件事。我也一直暗自为自己鼓劲，一定要尽力尽职，不负重托。

"家门口能论法"家喻户晓

"各位父老乡亲有啥好意见，可以畅所欲言。"大榕树下，几张桌子、几条长凳，村民层层围坐，热烈地讨论起来，这是我们村开展立法意见征集座谈会的热闹场景。

在直冲村党群服务中心门前，有一棵大榕树，是村民乘凉、聊天的场所，利用这个阵地优势，我积极配合江海基层立法联系点的工作人员，多次发起了立法意见征集座谈会，将每场座谈会等同自己分管的考核事务来抓。会场布置、环境协调、人员邀约、资料准备等事情，我都考虑周全。

当开展的座谈活动与村务工作时间发生冲突时，我也会把工作合并起来处理，在开展村务工作的同时征集群众的立法意见，普及法律知识，提高效率。

在配合开展的各场活动中，我会主动向江海基层立法联系点的工作人员获取详细的主题资料，自己先研读法律条文，然后根据内容物色邀约参会人员，同时根据我的见解积极引导他们对照条文，开动脑筋，提出修改意见。其间，我既是一名气氛调节者，保证每次讨论会有热烈氛围，也会作为一名普法者，帮助大家一起剖析条文，找寻切入点。

让我印象最深刻的就是《中华人民共和国农产品质量安全法（修订草案）》的意见征询会，我和村民们共同在榕树下乘凉，就草案进行讨论，其间，向大家分享了自己事先准备好的两条意见：一是加大对违法行为的处罚力度；二是细化政府职能部门的监管工作，例如对生产场地，必须事先进行土壤、水质分析，真正从源头抓起，若毒素超标，不适合种植及养殖生产的，必须警示立牌，制止生产等。

村民陈永杰把关注点放到村里征地填土后出现的一些"边角地"上，他发现有的村民在上面种植蔬菜，难以确认安全性，需要政府加强监管。这证明我们的村民在认真的观察和思考，努力提出了高质量的意见。

村民陈炳祥也结合本地农业生产实际提出意见：刚施药不久的蔬菜未到安全期，被人偷去市场卖了，结果发生中毒事故，这个责任如何追究要作出明确规定。

这些意见都增加了立法和社会实践的契合度，使法律有了更强的包容性和实践意义。后来，得知其中两条修改意见被全国人大常委会法工委采纳，我们十分振奋，也有了不断参与国家立法的动力。

在工作方式上，我也尝试向街道人大工委提出合理的建

议，多形式开展活动，尤其是利用好我们直冲村委会前面龙溪桥边"大榕树下"的文明实践站，举办多场讨论会，吸引更多群众停留并参与。

路漫漫其修远兮。现在，直冲村基层立法联系工作已步入正轨，"家门口能论法"已经家喻户晓，一个全民知法懂法守法、积极参与立法的氛围正在逐步形成。法治建设路还很长，要做的事还很多，我们需要继续努力，让我们的立法工作日趋完善，让全过程人民民主迎来阔步的发展。

铅笔写下的立法意见终被采纳
字迹会淡化法律却永恒

广东万木新材料科技有限公司　袁有学

　　说来有点奇怪，我已经是一个年过花甲之年的人了，在过去 60 多年的人生经历中，我没有近距离地接触过任何一部完整的中国法律文本。

袁有学（右七）参加科学技术进步法（修订草案）征询意见座谈会

2021 年 9 月的一天，我忽然收到了一条微信通知，被告知有机会参与江海基层立法联系点召开的《中华人民共和国科学技术进步法（修订草案）》的意见征集讨论会。

立法这样的大事，我也能参与？带着一种好奇的心情和一份责任感，我接受了他们的邀请，如期参加了这场法律文本修订草案的意见征集讨论会。恰巧的是，这部法律也与我的职业生涯有着密切的联系。

全过程人民民主就在身边

作为一名企业科研工作者，我大半辈子都在与化学新材料打交道，致力于实现科技报国的理想。2016 年，在中国科学院化学所退休后，因缘际会，我来到了侨乡江门，落户高新区（江海区），担任广东万木新材料科技有限公司总工程师，从事 LED 封装材料的研发及产业化工作。

2021 年 9 月 1 日，江海基层立法联系点向社会公开征求《中华人民共和国科学技术进步法（修订草案）》的修改意见。由于我所在的企业是一家国家级高新技术企业，先后承担并完成了广东省多个科技型中小企业创新基金及广东省省级科技项目，在科技创新方面作出了突出贡献。当时，江海基层立法联系点针对这部法律草案在企业中广泛征询意见，我们公司是其中之一。

出于对法律的崇拜和敬仰，拿到该法律草案之后，为了方便仔细阅读，我将电子文档的法律文本打印成纸质文档。一有时间，我就认真仔细阅读，参照已经提出的修改意见并对比原文进行思考，在某些条款的修改意见中，用铅笔补充或写下我的修改意见。

9 月 22 日，在江海基层立法联系点召开的法律草案意见征集讨论会上，我有幸作为第一个发言者，口头表述了自己的意见。

会议伊始，大家还是比较拘谨。江海基层立法联系点工作人员说："大家有什么意见，不管是支持的意见、反对的意见，都可以通过基层立法联系点'原汁原味'地反映到国家立法机关。"

听了这句话，在场的企业代表、律师、基层群众逐渐放松下来，互相讨论、互相启发，每个人似乎都有说不完的话，许多原来想不到的点子就碰撞出来了。

几个月之后，我再次收到了参加会议的邀请通知。这个会议是江门市江海区人大常委会组织召开的立法意见获采纳者表彰仪式，我荣幸地成为证书获得者中的一员。

会上，江海基层立法联系点工作人员告诉我，我提出的"对于在企业工作的科研人员，国家应建立全国统一的技术职称评价、授予标准和认定程序"这一建议被全国人大常委会法工委采纳了。这让我感到十分惊喜，我没有想到自己提出的意

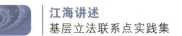
见会被采纳，并得到了表彰。

对我来说，此次立法修改建议被采纳，让我感受到了民主就在身边。立法不是一家之言，需要汇聚民意、吸纳民智。在法律修改过程中，江海基层立法联系点充分发挥了"直通车"作用，根据每部法律草案的不同特点，合理确定征求意见对象范围，覆盖不同群体、不同行业，实现更广泛的人民民主，是全过程的人民民主。

不管是企业还是个人，多年以后回顾这段经历，重温法律原文，看到自己提出的意见对社会有所贡献，都是人生中很有意义的事情。

参与立法对我的影响

2022 年 5 月，我有了新的身份，成为江海基层立法联系点首批立法联系咨询专家。

此后的一年多时间内，我又先后参加了两部法律的修改意见征集工作讨论会，一部是《中华人民共和国行政复议法（修订草案）》，另一部是《中华人民共和国公司法（修订草案二次审议稿）》。

连续参与三部国家法律草案的意见征集工作，这是我人生道路上一种全新的经历，不仅如此，这种经历也对我个人的生活和工作产生了积极的影响。

对我而言，参与法律草案修改意见征集工作，也是一次难得的学习机会，可以在日后的工作和生活中学以致用。比如，公司法第五条规定："设立公司应当依法制定公司章程。公司章程对公司、股东、董事、监事、高级管理人员具有约束力。"这一条款提示我们在成立公司时制定公司章程的必要性和重要性，否则会埋下重大隐患。

再如，行政复议法第二条第一款明确规定："公民、法人或者其他组织认为行政机关的行政行为侵犯其合法权益，向行政复议机关提出行政复议申请，行政复议机关办理行政复议案件，适用本法。"这一条款告诉我们普通公民有权对侵犯自己合法权益的行政行为，向行政复议机关提出行政复议申请，而不是当事情发生时忍气吞声、自暴自弃，或者作出大吵大闹等不理智行为。

有一次，我到某个单位办理业务，当时的具体办事人员告诉我："您所办理的事情不符合有关规定，因此无法办理。"由于认真阅读过行政复议法，我当时就让他提供一份书面的文字说明，具体描述一下是根据政府部门哪条规定，认定我不符合办理此事的条件，然后我会根据提供的文字说明向政府有关部门提出行政复议申请。

然后，这位办事人员让我稍等一下，他请示部门有关领导，再给我答复。不一会儿，他让我把所携带提交办理该事项的有关资料进行修改，回去等通知。此后，我与这位工作人员

进行了两次电话沟通，最终被告知可以办理此事项，并顺利办理完毕。这是我对行政复议法学以致用的一个小例子。

其实，法律与我们生产生活息息相关。参与立法意见征集活动，是一个学法和普法的过程，可以增强我们的法律意识，提升知法、懂法、用法的能力。

通过江海基层立法联系点，我们普通老百姓有机会、有途径提出个人对法律的修改意见，并在参与立法过程中学习法律，让我们在亲身实践中体会全过程人民民主，用自身行动投入国家的民主法治进程，在法治轨道上建设社会主义现代化国家。

8

充当基层立法的"参谋智囊"

广东华南律师事务所　谭社芬

我仍然清晰地记得，2021 年 8 月 20 日，我点开《中华人民共和国医师法》条款时的心情。

那天，十三届全国人大常委会第三十次会议表决通过了《中华人民共和国医师法》，听到这个消息后，我迫不及待地打开电脑，紧张地检索着一条条法律条文，直到浏览至第五十八条时，熟悉的文字映入眼帘——我的立法建议被采纳了。

那一刻，我近乎热泪盈眶，法律人的自豪感油然而生。直到现在，每每回忆起那个瞬间，我仍然激动不已。

参与并体验全过程人民民主

"奉法者强则国强，奉法者弱则国弱"，大学法学课堂上，老师常常重复着这句话，我也始终把它作为法律人的信条之一。

至今，我已在法律服务行业坚守了 20 多年，更加深刻体会到法律对国家、对社会、对个人发展的重要性。立法工作是展示法治国家践行全过程人民民主的主要活动，律师作为法律工作者应当有所作为。

在此之前，我有过一些参与立法工作的相关经验，参与立法工作是从江翠社区开始的。当时，我担任江海区第九届人大代表，常常走进江翠社区这一广东省人大常委会基层立法联络单位，见证和参与了多部法律的调研和地方性法规的修改。

2021年5月，当得知全国人大常委会法工委委托江海基层立法联系点征集医师法草案意见时，我便牢牢抓住这次机会，发挥法律人的作用，为建设健全的法治社会建言献策。

我仔细阅读了医师法草案，看着法律条文，我陷入了深思。从某种意义上说，律师和医生都是"逆行者"，律师纾围解困，解决的是社会矛盾；医生救死扶伤，处理的是身心疾病。对于大部分的普通老百姓，一辈子不用打官司的比比皆是，但几乎没有人一辈子不用看病就医。

律师应当是法律忠实的践行者，律师故意犯罪，不但像普通人一样承担犯罪后果，还会导致终身禁业，只有让极少数不负责的律师退出律师职业队伍，才能警示律师珍惜职业荣耀，谨言慎行，有所为有所不为。同理，医生所承担的社会责任更重，是不是让问题医师从行业退出，医疗行业才能更好地担负起保护人民生命健康的重要职责呢？经过反复考虑，我决定在草案中提出终身禁业的立法建议。

谭社芬参加医师法（草案二次审议稿）视频会议，
与全国人大常委会法工委在线讨论立法意见

2021 年 6 月 9 日，全国人大常委会法工委安排了与江海区人大常委会关于医师法修改意见征集视频连线会议。

一块 LED 电子大屏幕，显示的是医师法草案视频座谈会现场的实时画面：全国人大常委会法工委工作人员与江海基层立法联系点干部、专家学者、律师、居民代表，就医师法（草案二次审议稿）的修改工作热烈讨论着。

在会上，我详细讲述了自己对医生终身禁业的思考，提出了对医师法的修改意见，希望能够以成文法的形式促进医疗伦理道德、规范医疗行为。欣慰的是，一切努力都是值得的，我们法律人的声音被听见、被肯定，社会法治的前进有了自己的印迹，我感到无比荣耀和自豪。

2022 年 1 月 26 日，江海区人大常委会对 2020 年以来在全国人大常委会立法征集活动中提出的立法、修法意见建议

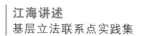

被采纳的江门市的单位及个人进行表彰。因为关于医师法第五十八条的立法意见被采纳，我成了表彰的对象之一，也是江门首位获此荣誉的执业律师。

对于这一份荣誉，我表现出了"不淡定"，这是律师至高无上的荣耀，也是我律师生涯的勋章。作为法律人，能够参与立法，提出的建议被采纳，能为法律的制定贡献绵薄之力，我深感自豪。

希望更多律师参与国家立法

立法工作涉及很多专业的问题，因此征集相关专业人士的意见也是科学立法、民主立法的重要基础。我希望越来越多的人能够参与立法工作，尤其是律师群体，应该成为其中的中流砥柱。

两年来，我积极分享我的经验，号召江门的律师同行朋友们参与立法，并取得了一定成效。2021年，我所在的广东华南律师事务所的6名律师受聘为江海区人大常委会立法联系咨询专家。

此外，我还联系了地方立法咨询工作委员会，通过沟通协调，让该委员会也承担起组织、协调律师参与立法意见征集的工作。

2022年10月，我在江门市律师协会组织了"立法建议金点子"活动，邀请广大律师共同参与，旨在发动律师同行关注立法工作、参与立法工作。律师朋友们围坐在一起开展"头脑风暴"，一个个"金点子"便在此起彼伏的讨论声中探出头来。

2022年6月以来，江门律师参与立法100多人次，参与国家层面立法修法的法律10部，提出的立法建议超过200条，其中，《中华人民共和国妇女权益保障法》中也吸纳了江门律师的意见。这些可观的数据，体现了江门参与立法的实践正蒸蒸日上，我为自己是一名江门律师而深感自豪。

近年来，我所多名律师担任市、区两级人大代表、政协委员，当好群众呼声与"法言法语"的摆渡人，为地方政府发展贡献集体智慧，参与《江门市侨乡广府菜传承发展条例》《江门市门楼号牌管理条例》等一系列地方性法规制定的征求意见工作。2022年底，江门市律师协会也承担起市政府2023年度立法计划建议项目，组织了专家论证等活动，让律师积极参与立法活动的做法蔚然成风。

我国立法已经走入了民主和科学的时代，立法和修法更需"精耕细作"，律师应当投身这个伟大的时代中去，充当发现和治疗现有法律问题的"啄木鸟"，为社会法治的不断进步与发展贡献力量。

9

为科技发展贡献立法"金点子"

十四届全国人大代表、江门市科恒实业股份有限公司　丁雪梅

2023 年，我当选为第十四届全国人大代表，倍感荣幸，也深感责任重大。初春三月，我在全国"两会"上见证全过程人民民主。

我清晰地记得，当我第一次踏进庄严而神圣的人民大会堂时，心中的自豪感油然而生。"三八"妇女节那天，我和所有参会的女代表一样，在全国"两会"上过妇女节，收到了代表们的节日祝福，这放在以前是想都不敢想的，心里的感受已经无法用言语来表达了。

2023 年是我来到江海的第十年。2013 年，我入职江门市科恒实业股份有限公司，开启我的新征程。十年来，我带领公司科研团队不断深入钻研，在三基色荧光粉、LED 荧光粉等稀土发光材料研发上不断取得突破。

现在，作为一名全国人大代表和基层企业的科研工作者，我十分关注科技创新发展，曾参与江海基层立法联系点关于《中华人民共和国科学技术进步法（修订草案）》的意见征集工

作；在 2023 年全国人大会议上，我也围绕制造业当家、稀土行业高质量发展等议题，认真履职尽责、积极建言献策。

十四届全国人大代表、
江门市科恒实业股份有限公司科研博士　丁雪梅

攻破行业卡脖子难题，为科技立法贡献力量

作为我国科技领域的基本法，《中华人民共和国科学技术进步法》于 1993 年 7 月颁布实施，2007 年 12 月完成了第一次修订，时隔 14 年后，2021 年 12 月完成了第二次修订，并于 2022 年 1 月 1 日起正式实施。

2021 年 9 月，我和江海基层立法联系点结缘，第一次参加了其组织的《中华人民共和国科学技术进步法（修订草案）》

的意见征集座谈会。我结合自己的工作实际，建议在修订草案第六十三条增加"形成有利于科学技术人员潜心研究和创新的人才评价体系"的规定，激发科学技术人员的研发积极性。

走上工作岗位十年来，我一直从事稀土发光材料的研究工作，从一开始的以日本某企业的产品为标杆，到经过无数次的实验和摸索，最终能够从性能上完全替代曾经的标杆、获得国际客户的认可，我深知科技创新不易，也体会到自立自强的成就感。这些感受都反映在我对科学技术进步法再次修订的意见中。

最终，我提出的建议引起与会人员强烈共鸣，被写进新修订的《中华人民共和国科学技术进步法》第六十三条，即"国家实行科学技术人员分类评价制度，对从事不同科学技术活动的人员实行不同的评价标准和方式，突出创新价值、能力、贡献导向，合理确定薪酬待遇、配置学术资源、设置评价周期，形成有利于科学技术人员潜心研究和创新的人才评价体系，激发科学技术人员创新活力"。我很高兴，能在推动这项立法工作上出一份力。

2023年5月，我再次来到江海基层立法联系点参观。在这里，关于基层立法联系点的"工作构架图"全部"上墙"，一张张图片、一段段文字展示了一个个生动的立法故事，彰显了我国民主立法的巨大进步，我为此感到高兴和欣慰。

基层立法联系点是全过程人民民主的生动实践。江海基层立法联系点根据每部法律草案的内容重点征集不同人群的意见，这样既体现了民主的广泛性，又突显了立法工作的精准高效，真正做到了利用好一切资源，服务好立法联系工作。

通过江海基层立法联系点，群众意见能够从最基层直达国家最高立法机关，全国人大常委会也能通过这种方式直接听取基层群众的意见。

依托基层立法联系点，续写履职故事

如果说参与科技进步法修订草案意见征询座谈会，是我与江海基层立法联系点第一次结缘，那么，当选全国人大代表后，我有了更多机会参与江海基层立法联系点的活动，我的履职故事有了更多续集。

从一名科研工作者到全国人大代表，身份的转换，让我有了更多的思考，我一直谨记自己代表的不是个人，不是我所在的企业，而是代表着科技创新群体，我要站在产业发展的角度去发声。江海基层立法联系点也成为我提升代表履职能力的培训学校。

当选全国人大代表后，我就着手为参加全国人大会议做准备，立足本职工作，深入实地调查研究，掌握大量第一手资料；通过召开座谈会，征求企业领导及同事的意见建议，力求提出高质量的议案、建议。

通过与江海基层立法联系点的沟通，我确定了调研的方向。调研发现，我国部分领域高科技产品的国产化程度仍有很大的提升空间，支持企业自主创新，在更多高科技领域实现国产化替代显得尤其重要。

在 2023 年全国人大会议上，我建议支持科技型龙头企业加大研发投入，提升龙头企业技术装备，引进高层次人才和团队，组建科研创新平台，进行核心技术攻关和成果转化，增强企业自主创新能力。同时，应加大对科技型中小企业的资金支持，降低融资成本，对自主研发核心技术的中小企业采用增值税退补扶持政策，减轻中小企业的负担。

参加会议归来，我马不停蹄来到车间一线宣讲全国"两会"精神，分享参会感受和履职情况，并把"两会"上的好消息、好政策、好声音，"热气腾腾"地带到基层去，提振大家干事创业的信心和决心。

此外，我在做好本职工作的同时，依托江海基层立法联系点积极履职，外出走访调研，广泛问计于民，倾听民意，积极为民发声，共同为国家立法出谋划策。我深知，没有亲身调研不可能提出接地气的建议。

2023 年 4 月，在非洲英语国家议员研讨班上，我向非洲议员们介绍了自己的当选和履职情况，向他们展示了中国全过程人民民主。同年 8 月中旬，我又跟随省十四届全国人大代表小组，深入江门市的乡村、企业、大科学装置等一线进行实地调研，围绕江门经济社会发展积极建言献策。同年 11 月，我因在《中华人民共和国科学技术进步法（修订草案）》中提出的意见被国家最高立法机关采纳，获得江海基层立法联系点的表彰，成为我这一年履职的最大收获。

2024年3月18日，我刚履职归来就收到江海基层立法联系点的邀请，参加传达学习全国"两会"精神暨代表法调研座谈会，为江海区的省、市、区人大代表传达全国"两会"精神，并和代表们共同讨论代表法的修改意见。

参与立法已经成为我履职工作的重要一环。未来，我将继续认真履职，密切联系群众，将群众的意见建议通过基层立法联系点传递到最高立法机关，积极向群众宣传基层立法联系点，鼓励引导他们参与立法，并通过立法推动我国科技创新和产业发展，让全过程人民民主扎根江海。

丁雪梅向江海区各级人大代表传达全国"两会"精神

10

"沾泥土""带露珠"的基层民意

十四届全国人大代表、台山市绿稻农场　陈奭荣

2023 年，对我来说，有两件喜事：1 月，我当选十四届全国人大代表；7 月，我的小儿子禾禾出生。

这一年，是我回乡种地的第九个年头。经过九年种稻磨炼，我经营的绿稻农场，从 30 亩发展到 500 亩，不仅扩建了育苗基地，秧苗供应周边万余亩水稻种植，还牵头成立农民专业合作社，吸引周边村民以土地入股，推动更多的小田变大田，让旧日弯弯绕绕的条条田埂消失在大片稻田中。如今，"广东省农村乡土专家""全国农业农村劳动模范"……各种荣誉也纷至沓来。

种地，不仅是一份工作，更关乎中国饭碗和粮食安全。作为一名来自基层的全国人大代表，这一年，我深入田间地头了解民情民意，把群众的声音带到全国"两会"上；通过江海基层立法联系点，把更多"沾泥土""带露珠"的基层民意传递上来，为保障国家粮食安全、推进乡村振兴贡献自己的力量。

田间的意见被公开宣读了

2023 年 3 月，草长莺飞间，田间地头一派热闹繁忙景象。在十四届全国人大一次会议广东代表团分组审议政府工作报告会上，我首次提出建议，希望国家适当增加基层农科所有关良种培育的科研经费投入，加快发展水稻集中育秧中心，因地制宜推动一、二、三产业融合发展。

陈爽荣（左二）在绿稻农场向江海基层立法联系点调研组
提出粮食安全保障法（草案）修改意见

很快，农业农村部针对我提出的建议，一一作出详细答复。

没多久，我又有了第二次机会，就在家门口。2023 年 7 月，江海基层立法联系点就《中华人民共和国粮食安全保障法（草案）》向我征集意见，我结合自己的创业经历，尝试提出意见。因关注到部分地区出现耕地"非农化""非粮化"现象，希望粮食安全保障法草案严格落实耕地用途管制，进一步细化耕地保护责任机制，增强全民的耕地保护意识，同时我也建议草案增加对从事粮食种植技术研究和开展粮食产业化种植群体的鼓励支持措施。

此外，江门的几位农业朋友也提了意见，都特别实际、接地气。比如，恩平市牛江镇的种粮能手冯仲仍，他提出分区域分品种设定粮食保护价，提高农民种粮积极性，村集体统筹解决粮食分散化种植等建议，这些也是我一直努力想要实现的目标。北大荒集团台山农业科技服务中心的王晓东先生，提出提高农业抗灾减灾能力的建议。我认为这条建议对于保障粮食安全也是非常重要的，因为广东地区多台风，如果水稻六七成熟的时候遇到台风，抢收不是，不抢收也不是——抢收收来一把糠，不抢收可能颗粒皆无。对于这种情况，作为农民的我，感触很深，希望能够从法律层面提高农业抗灾救灾能力，科学有效应对各类灾害带来的不确定因素影响。

通过基层立法联系点，基层农民的意见能得到及时反馈，难能可贵，在这期间，我深深体会到全过程人民民主的特别之处。

更没想到，同年8月，在1392条意见中，我的建议被选中并在记者会上得到了全国人大常委会法工委发言人的宣读，激动的心情不言而喻。

可见，普通民众参与立法工作的权利是得到充分保障的，我们国家的立法意见征集真正延伸到田间地头，身处田间的我们也要继续用实际行动书写答卷。

种出一片小天地

通过江海基层立法联系点，我们农民的意见建议被国家最高立法机关采纳和表彰了，更加坚定了我履职为民、当好新时代农民的排头兵和带头人的决心。

我所在的台山市，是中国优质丝苗米之乡，也是广东省水稻面积最大的县级市，农业产业发展大有可为。2014年，我毅然辞职，带上妻儿，一起回到老家台山市斗山镇五福村，当起了全职农民，创办了台山市斗山镇绿稻农场。2018年，我注册了自己的大米品牌。2020年，我成立了绿稻农民专业合作社，探索"村集体＋农户＋合作社"的新型集体经济发展模式，鼓励农户由单一土地流转向土地入股方向发展，大力发展全程托管等社会化服务，加快土地碎片化向规模化方向发展，提高农业用地效率。

后来，江海基层立法联系点的工作人员告诉我，我所做的事情，不仅有助于改善农民生活，还促进了国家粮食安全保障工作，想到此我就更加高兴了，暗暗下定决心要铆足劲儿努力干。

水稻也是知道报恩的，你对它好，它就对你好。作为种稻人，我也常有报恩的心，没有国家的强农政策，种稻事业就没

有今天这么好的前景。现在,经过各方面努力,台山大米获得国家农产品地理标志,有了响当当的品牌。

在日常工作生活中,我常常向身边的年轻人宣传乡村振兴的新政策。我希望这些政策、信息能吸引更多年轻人到基层工作,干一番大事业,实现自己的梦想。我也将在加快农业农村现代化新征程中,用科学来回答"谁来种地""如何种地"这一项重大课题,用自己的行动践行全过程人民民主的重大理念。

我们的意见被听见
是全过程人民民主的体现

美国雪城大学　谢仁慈

2023年9月1日，《中华人民共和国无障碍环境建设法》正式施行，这是我国民主立法工作在保障残疾群体方面迈出的一大步。

在无障碍环境建设法立法过程中，我有幸搭乘江海基层立法联系点"直通车"参与其中，发出了属于我们残疾群体自己的声音。

这也是我第一次通过江海基层立法联系点提出立法意见。以前，我觉得法律制定都是自上而下的，现在通过基层立法联系点这种形式，感觉立法就在我们身边。

借助网络平台，积极为残疾群体发声

"残障人士"这个略带伤感色彩的群体，在我国大约有8500万人，受其影响的家庭约占全国的五分之一，我是其中

一个。

1996年，我出生在贵州省都匀市的一个城乡接合部，四岁那年，在一场车祸中失去右腿，从此变得与其他人"不一样"。

二十多年来，贫穷和残障一直在反复捶打着我，庆幸的是，我没有被捶废，而是走上了理想中的学术之路。通过高考，我得以走出县城，进入西南政法大学读书。本科毕业后，我成功拿到美国雪城大学的全额奖学金，继续攻读残障学硕士学位。

大学本科期间，我来到山多、坡多、台阶多的重庆读书，因为部分教学楼无障碍设施缺失，所以对于右腿残疾的我来说，出门成了一项极大的挑战。

那时候，我特别不爱出门，一出门就要爬很多的坡，过很多的坎儿。我们上课的教室在六楼，没有电梯，一阶又一阶楼梯，加上重重的书包，每次上完课都已耗尽了我所有的体力。

城市无障碍设施不完善，除了给我出行上带来诸多的不便利和挑战，也让我在心理上感到极大的"痛苦"，我时常在想：我是不是不属于这个城市，这个城市并不欢迎我。在这些深刻经历后，我开始关注无障碍出行的难点和"痛点"。

2019年7月，"截瘫者之家"创办人文军先生，在无障碍设施考察的路上不幸从高处摔落，伤重离世；2021年1月，"瓷娃娃"小萍女士在使用轮椅经过坡度过大、被石墩子堵住的无障碍通道时翻倒，伤重不幸离世……多起悲剧的发生令我无比痛心，不达标的无障碍设施，是一种严重的不负责任行为。虽然设置了无障碍设施，但一些残障者因为它的劣质而受到伤害。

美国雪城大学残障法学博士（在读）　谢仁慈

　　每次看到这些案例，我更加坚定了研究残障法的决心。在雪城大学攻读硕士期间，我对国际残障法和美国残障法有了更多的了解，从而让我对中国涉及残疾人的法律有了更多思考。

　　在国内读书时，因为法律通识教育的缘故，高等院校在本科阶段，没有对涉及残障领域的法律法规开课。所以，我攻读博士的目的是在这方面进行深入研究，希望未来能够在中国校园里开设并教授关于残障法领域的课程，填补这方面的空缺，也让法律学生能够了解残障者在法律的理论与实践中可能面临的困境。

其实，在参与江海基层立法联系点关于《中华人民共和国无障碍环境建设法（草案）》意见征集之前，我就已经在微博、微信、B 站等平台发布了许多关于无障碍环境建设的文章和视频，目的是让残障人士等特殊群体的需求被关注、被了解。虽然创作这些视频和内容需要花费很多时间，但倘若一些作品传播度比较广，可以让更多人关注到这个群体，这一切都是值得的。

第一次被征询意见，我感到受宠若惊

无障碍环境建设立法直接关系残疾人、老年人权益，不仅全国人大代表高度关注，社会各界的关注度也很高。

我在任何平台都在强调，残障既包括等待治愈的"疾病"（残疾），也包括人在融入社会时所面临的障碍。不仅仅是残障者因为身体机能缺乏时会面临，抑郁症患者因为心理状态、年老者因为机能下降时也都会面临融入社会的障碍。

2022 年 11 月，在《中华人民共和国无障碍环境建设法（草案）》向社会征集意见的时候，德恒（深圳）律师事务所也在所内开展意见征集活动。当时，廖明霞师姐向我微信发来信息，希望我结合国内国外的生活和学术经历，为这部法律草案建言献策。

廖明霞师姐是德恒（深圳）律师事务所的高级合伙人，也是江海基层立法联系点的立法联系咨询专家，一直以来对我十分关注，知道我选择继续攻读残障法博士学位，觉得我可以为这部法律提一些意见。

当她来问我的时候，我感到受宠若惊，没想到我也会被征询意见，也能为国家的立法建言献策。

收到《中华人民共和国无障碍环境建设法（草案）》后，我认真查阅相关资料，并结合自己在中美两国生活和求学的感受，针对法律中"居住建筑、居住区、公共建筑、公共场所、交通运输设施、城乡道路"几个概念可能发生混淆的情形进行了分析，并建议进一步明确不同场所的责任主体，如明确场所的管理者以及管理改造费用的责任承担问题。

美国残障者法案明确提出了哪些场所或者由谁来提供无障碍设施建设，但是《中华人民共和国无障碍环境建设法（草案）》中，这些场所在概念之间有混淆，究竟是谁来承担无障碍环境建设的法律责任？我认为这些需要进一步明确。

当我得知《中华人民共和国无障碍环境建设法（草案）》在二审、三审修改中，对残疾人、老年人更为倾斜和关注，我感到非常欣慰。这就是进步，我们的声音被立法者听见了，我们的需求被看见、被重视！

我认为，"被听见"是全过程人民民主的具体体现。今后，我也会继续关注无障碍环境建设法的实施，希望它能够真正落到实处，让残障人士真正在无障碍环境的改善和变化中获益。

同时，如果今后有相关涉及自身专业或者关于教育、老人、妇女等相关法律需要征集修改意见，我还是会继续提出建议。我也在社交平台上发表文章呼吁道：当你在生活中遇到通行障碍时，积极根据2023年9月实施的《中华人民共和国无障碍环境建设法》向有关部门提出建议，让我们生活的空间对所有人更加包容和开放。

农户参与立法基层民主新实践

江海基层立法联系点　胡可滢

2024年1月1日，修改后的《中华人民共和国农产品质量安全法》正式实施一周年，回忆起参与这部法律草案意见征集过程，我的内心还是很激动，这是一部温暖人心、惠及民生、造福大众的好法。

2021年10月29日，我们收到全国人大常委会法工委发来的《中华人民共和国农产品质量安全法（修订草案）》意见征集函。为了更好地完成本次立法意见征集活动，我们把立法"大门"开到群众"家门口"，多形式、高频次举行意见征询、立法调研、考察活动，以基层生动实践丰富全过程人民民主的内涵。

在线上，我们通过政务办公平台、微信公众号发文征求各立法联系单位与社会公众的意见；在线下，召开四场座谈会，进行两次回访以及两次专题调研走访，共有96人次参加了本次意见征集工作，提出意见44条，最终通过梳理，上报的23条意见建议中有11条被采纳。

胡可滢为来访群众宣传基层立法联系点工作

"当面议"与"回头谈"相结合
农户亲身体验民主立法

这次的立法意见征询与以往有点不同，我们直接走进村（居）、人大代表联络站，走进村民议事会，进一步拓宽立法联系点收集意见建议的渠道。

"《中华人民共和国农产品质量安全法》就要修订了，今天想听听大家对修订草案的意见建议。"2021年11月8日，我们在江海区礼乐街道英南村开展了一场关于农产品质量安全法（修订草案）的意见征集座谈会，也是其中最有代表性的一场。

江海基层立法联系点赴陈皮协会听取
农产品质量安全法（修订草案）的修改意见

座谈会当天，礼乐街道司法所、农业农村办公室、农业综合服务中心、江门市水产行业协会、葡萄协会、腊味协会、江门市乐和生态农业有限公司、江门市永恒食品加工厂、广东金匠律师事务所以及英南村、跨龙村、雄光村、乌纱村、新华村、向东村等6个村的村支书和村民代表集中到了同一张会议桌上，大家你一言我一语，现场气氛热烈。

"一名葡萄种植农户的意见建议，不仅可以到达国家最高立法机关，还有望被采纳，让我们很有成就感。"邓成暖作为礼乐葡萄行业的代表，在征求立法意见座谈会召开前已经反复阅读学习了农产品质量安全法（修订草案）相关内容，征求农户的意见，并在文件上勾画出自己关注的重点，在一旁写下对应意见。

"第9条'国家引导、推广农产品标准化生产',我建议改为'国家引导、推广农产品组织化、标准化生产'",礼乐街道司法所所长曾秀梅认为,目前每家每户各自经营的家庭模式限制了农业生产化的发展水平,不利于形成生产的规模效应,建议在草案中增加推广组织化生产的内容。

"这个意见征询会开得很及时。"新华村党总支书记、村委会主任、人大代表李壮伦表示,他建议农药、肥料、农用薄膜等农业投入品的包装物和废弃物的回收,应该由地方适当予以补贴。

村口的会议室里,火热的座谈会将当天的征集活动推向高潮,大家虽然身份立场不同,却都很有感触,积极为国家立法献策,在场的村级法律顾问也就立法背景、意义、必要性以及每条建议的可行性等提出专业意见,最终通过这场征询会,共收集基层意见建议 19 条。

这次座谈会是英南村基层立法联系点联络站建成启用后,首次接受区人大常委会的委托开展国家立法项目意见征集工作。本次征询会让大家切实感受到全过程人民民主。习近平总书记强调,要不断增强人民群众的获得感、幸福感、安全感,全国人大尊重基层村民的意见,采纳有价值的立法建议,就是最好的民主获得感。

以往的意见征集工作,我们大部分采取召开座谈会形式,当面听取意见建议。为了更大范围、更加深入地征集群众的意见，我们还增加了回访环节，特别是针对座谈会上谈得不够透彻的问题，我们找到意见发表不够尽兴的群众，深度交流，谈深谈透，大大提升了立法意见征集的质量。

共性与特色相结合
立法意见征集更接地气

江门市的农产品种类多，从事农产品生产销售的企业、行业协会和群众也非常多。本次征集工作中，我们注意听取水产养殖、水果种植、粮食生产等领域的共性意见，这有助于江海基层立法联系点密切结合当地特殊情况开展工作。

2021 年 11 月 17 日，我们前往鹤山市古劳镇下六村，走访十三届全国人大代表、下六村党总支书记、村委会主任温艳嫦。当时挂任江海区委副书记、区人大常委会党组副书记易立和温艳嫦就这部法律草案进行了深度交流，并委托其在一定范围内做好修订草案的意见征集工作，并反馈给江海基层立法联系点。

2021 年 11 月 18 日下午，我们还专门前往新会陈皮行业协会走访调研，与协会主要负责人及部分村民就农产品质量安全法（修订草案）中相关问题进行交流。

新会陈皮是广东省江门市新会区特产。2006 年 10 月 25 日，原国家质检总局批准对"新会陈皮"实施中国国家地理标志产品保护；2009 年，被评为江门市十佳农（土特）产品；2019 年 11 月 15 日，入选中国农业品牌目录。江门市人大常委会于 2020 年出台《江门市新会陈皮保护条例》。在走访期间，协会成员根据行业实际针对农产品储存管理的标准及外包装生产日期、保质期标识等问题提出修改建议和意见。

与此同时，我们还创新网络化思维，充分调动江海区内的立法联系单位的积极性，借助江门市司法局的基层立法联系点网络，在全市大范围征集意见，借助五级人大代表的力量，扩大意见征集网络，不断提升意见征集的质量。

此外，在木次意见征集工作中，我们积极宣传普及农产品质量安全法，让更多居民、村民群众了解基层立法联系点的职能作用，为之后更好地征听人民群众立法建议、践行全过程人民民主打下坚实基础。

新修订的农产品质量安全法通过后，我们认真落实"立法意见征集—意见上报—采纳意见梳理—采纳意见反馈"的四步工作信息闭环，及时将被采纳的意见向意见提出者反馈。得知自己的建议被写入了国家法律，相关群众高兴不已，表示能为国家立法出谋划策感到非常荣幸和自豪。

以基层联系点的多元共建机制打造
人大立法与政府立法"1+1>2"的江门样本

江门市司法局　苟晓彤

乡间的午后，炙热的阳光洒向错落有致的稻田，夏天的风吹起了层层稻浪。此时，恩平市牛江镇昌梅村的田埂上热闹非凡——"草案设定的粮食风险基金制度很好，建议增加关于对粮食遭遇天灾等重大自然灾害造成损失的兜底性补偿条款"。有着 20 多年粮食种植经验的农民冯仲仍向立法调研组提出了自己的立法建议。2023 年 7 月，江门市司法局受全国人大常委会法工委江海基层立法联系点委托，在市政府立法基层联系点牛江镇开展粮食安全保障法草案立法调研，听取农民、农业公司代表的意见。

这是市政府立法基层联系点与人大系统的基层立法联系点协作共进，共同参与国家立法工作的一个缩影，也是我们与江海区人大常委会开展基层联系点多元共建的又一次"联合行动"。

党的十八大以来，习近平总书记高度重视人民实现民主的渠道和形式，政府立法基层联系点是基层群众和社会组织直接参与政府立法活动的重要载体，是民情民智的"聚集地"、反映社情民意的"直通车"、法治宣传的"扬声器"，彰显了全过程人民民主的人民性、真实性、广泛性、实践性。推进政府的立法基层联系点建设，对于在国家立法和地方立法工作中保证人民当家作主具有现实意义。

覆盖五邑江门，布局市政府立法基层联系点

"法非从天下，非从地出，发于人间，合乎人心而已。"近年来，江门市法治政府建设不止步，政府立法基层联系点的"星星之火"在江门大地形成"燎原"之势。

2020—2021年，江门市司法局经过深入调研、精心筛选，并经市政府同意后分两批确定18个市政府立法基层联系点；2022年，我们又促成江门外商投资企业协会、江门市新会区新会陈皮行业协会入选首批省政府立法基层联系点。

从无到有，设立政府立法基层联系点，实际上也考虑了地方单位的特色。市政府立法基层联系点涵盖行政机关、事业单位、群团组织、基层自治组织、行业协会、商会、企业和高等院校等8类主体，并建成了一支由社区居民、企业职工、机关干部和专家学者等组成的信息员队伍，工作网络覆盖江门"三区四市"，形成倾听民意的强大"矩阵"。

建设好联系点，工作机制和人员配置必不可少。我们将政府立法基层联系点建设列入法治政府建设的重要内容统筹推进，出台《江门市人民政府立法基层联系点工作办法》，建立健全意见征询收集、培训与联络走访等工作制度，规范联系点内部运作、宣传标语，统一上墙制度、牌匾制作。与此同时，我们积极落实经费保障，采取以会代训、集中培训等方式，培育一批热心立法工作的基层"法律明白人"。根据政府立法基层联系点设置地域广泛、与群众联系紧密等特点，我们鼓励各联系点立足自身实际，不断拓展功能，整合多方资源，"以点带面"广泛收集基层群众立法意见、民生诉求等各类信息。

资源共享、优势互补，建立联系点多元共建机制

2020 年 8 月，乘着江海区人大常委会被确立为全国人大常委会法工委基层立法联系点的东风，江门市委依法治市办与江海区人大常委会签订合作协议，我们也与广东省基层立法联络单位江翠社区签订合作协议，就立法工作开展深度合作，在人大立法与政府立法过程中相互衔接、密切配合、优势互补、资源共享，探索创新人民群众参与立法工作的运行机制，畅通社情民意表达和反映渠道，努力实现工作效能最大化。我感觉，两条"平行线"的交汇，是基层联系点建设的必经阶段，也是民意表达路径越来越宽广的具体表现。

江门市委依法治市办与江海区人大常委会签订合作协议

近期，我们统筹全市司法行政系统及各联系点力量，印发《江门市政府立法基层联系点"1+7+N"联动机制工作方案》，覆盖了江门市级和7个县（市、区）司法局以及若干个联系点的任务，并持续壮大联系网络，拓宽社会各方有序参与政府立法的渠道，深入推进科学立法、民主立法、依法立法。同时，我们主动对接江海基层立法联系点，探索促进政府立法基层联系点和人大基层立法联系点之间深度融合，通过举办基层联系点建设交流座谈会、组织立法培训会、实地走访调研等方式，加强双方基层联系点交流共建。其间，各个政府立法基层联系点积极参与江海基层立法联系点的立法意见征集工作，为国家立法输送覆盖江门地区的基层声音。邀请本辖区内的各级人大基层立法联系点（联络单位）参与政府立法意见征集工作，形成立法意见征集的双向通道，提高立法意见的广泛性和代表性。

讲好侨乡民主立法故事，打造"1+1>2"的江门样本

作为中国著名侨都，江门是粤港澳大湾区重要节点城市，530多万江门籍海外华侨华人遍布全球145个国家和地区，建设好基层联系点，为海外侨胞搭建了参与立法的桥梁纽带。

在地方立法过程中，我们通过政府立法基层联系点加强与侨团、同乡会的联络，收集来自多个国家的华侨及外企侨企的立法意见建议，并同步抄送江海基层立法联系点。各级联系点积极发挥窗口作用，向世界传播中国民主声音、讲述中国法治故事、介绍中国发展成就，让海外侨胞切身体会到祖国和家乡的关怀，增进情感认同，激发其通过联系点积极参与国家、省、市立法工作的热情。

截至2024年4月，我们组织各政府立法基层联系点参与江海基层立法联系点17部法律法规草案意见征集工作，提出立法意见建议448条，其中有23条意见被采纳。比如，省、市政府立法基层联系点江门外商投资企业协会提出的"完善对科学技术人员实行股权、期权、分红等激励措施，提高科学技术人员的待遇"的建议被采纳，写进新修订的《中华人民共和国科学技术进步法》第六十条中。恩平市牛江镇农民冯仲仍就粮食安全保障法草案提出的立法意见被采纳，并被《人民日

报》等各大媒体报道；开平市赤坎镇人民政府、江门市律师协会、江门职业技术学院、迪欧家具集团有限公司等政府立法基层联系点对妇女权益保障法修订草案提出的意见均被采纳……这一个个鲜活的案例正是各政府立法基层联系点深入践行全过程人民民主收获的累累硕果，也是我们与江海基层立法联系点深度合作，实现人大立法和政府立法资源共享的成果。

下一步，我们将深入践行全过程人民民主重大理念，健全与江海基层立法联系点的多元共建机制，充分发挥侨乡特色优势，丰富联系点功能作用，努力打造人大立法与政府立法"1+1>2"的"江门样本"，把基层联系点建设成为人民参与立法的重要阵地、讲好民主立法故事的重要窗口，以良法善治推动经济社会高质量发展，让中国式民主的魅力充分绽放。

"聚民意"与"司法为民"相融合

江海区人民检察院　吴火亮

10月的江门，阳光正好。

丰乐公园政馨亭格外热闹，我院在这里开展法治讲座，内容包括社区治理、物权纠纷处理、居民矛盾化解等，围坐一周的有丰雅社区志愿楼长、党员志愿者及社区网格员们。"如何将法治思维运用到实际生活中？"在有奖知识问答和法律咨询环节，大家你一言我一语，争相发言。

这样热闹生动的场景对我们来说已是常态。

2020年12月，我们成为江海基层立法联系点首批立法联系单位，也是全区59家立法联系单位中为数不多的司法机关之一。这些年来，我们将基层立法联系点"聚民意"的宗旨与检察机关"司法为民"的宗旨相融合，从参与基层立法联系点立法调研活动，到紧跟立法要求积极主动发挥检察职能，通过具体的司法实践多形式为立法贡献检察智慧，不断提升基层立法联系工作的参与度。

几年来，我们着力发掘自身专业型机关的长处，先后在多

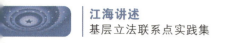

部法律法规草案的立法意见征集中提出建议 20 多条。

铿锵步履中的检察担当

基层立法联系点是"民意直通车"，要第一时间把老百姓的立法建议"原汁原味"地反映到国家最高立法机关。作为检察机关，如何结合检察职能，做好立法建言？

参与民主立法，我们有着天然优势。我们把检察听证作为基层群众和社会组织参与立法活动的重要载体以及深入基层了解群众意见的平台。利用这个平台，我们收集民意，提供立法素材，就案件的办理广泛听取人大代表、政协委员、特邀代表等听证员的意见，发挥好纽带作用。

为了提高立法建议的质量，我们还建立了立法建议征集机制，成立工作小组统筹协调各部门开展立法建议征集工作，安排专人负责对接立法建议征集工作。

根据基层立法联系点立法建议征集工作安排，我们首先组织对口业务部门认真解读法律草案，梳理出需要征求立法建议的点子，在全院开展立法建议征集。

其次，立法建议征集工作领导小组办公室将征求的立法建议进行梳理分析，就立法建议的合法性、合理性与提出立法建议者进行沟通探讨，形成立法建议初稿，再交由对口业务部门深入研讨，进一步提升立法建议质量。

最后，将立法建议定稿上报至江海基层立法联系点。

在立法意见征集过程中，我们进行了诸多实践。

结合"规范无障碍设施"行政公益诉讼案件的办理，我们通过召开检察听证会，收集人大代表、政协委员、残疾人代表等群体对江海区无障碍环境建设的意见和建议，并将相关意见转化为《中华人民共和国无障碍环境建设法（草案）》立法调研的建议。

江海区人民检察院开展无障碍环境建设检察监督听证会

聚焦个人信息安全保护领域，针对住宅小区违规设置"人脸信息识别"门禁系统存在泄露个人信息风险的问题，我们以"听证＋检察建议"的方式办理行政公益诉讼案件，并联合区公安分局、住建局、市场监管局、教育局等 11 个相关行政职能部门率先在全省出台《江海区关于人体生物特征的安全技防

系统监管协作机制的实施意见》，助力保护个人信息安全，该案入选最高检典型案例。

2023 年，我们还获得了江海基层立法联系点的表彰，因为我们在《中华人民共和国安全生产法（修正草案）》立法意见征集活动中，对该法第七十四条提出的意见被全国人大常委会法工委吸收采纳，为我国科学立法、民主立法以及立法质量的提高贡献了检察智慧。

开展普法宣传，推动法治理念深入人心

不论是立法前、立法中、立法后还是在办案中，我们都将全过程人民民主重大理念贯穿检察工作全过程。

在办理各类案件过程中，我们坚持"应听证尽听证"，把办案过程"晒出来"，案件处理依据"亮出来"，以群众看得见、听得懂的方式释法说理，把听证会做成"法治课"，真正落实"民主不是装饰品，不是用来做摆设的，而是要用来解决人民需要解决的问题的"这一重要理念。

解读法律条文的过程，其实就是普法宣传的过程。在参与江海基层立法联系点立法工作的过程中，我们深入群众，以更接地气的形式，拓展普法宣传维度，持续抓实守护食品药品安全、支持起诉、司法救助、老弱妇幼残权益司法保护等为民实事，增强群众参与感、满足感、获得感，推动法治理念深入

人心。

依托江海区法治广场普法阵地，我们成立了青年宣讲团和驻村（社区）"第一书记"两支队伍。在普法工作中，他们以发放宣传资料、播放法治宣传片、答疑解惑等方式，引导群众提高法治意识。同时，我们还拓宽法治宣传教育覆盖面，通过"两微一端"、门户网站转发普法文章、视频和案例，方便广大群众随时随地学法，足不出户就可以享受到"法治盛宴"。

与此同时，我们还通过在江门市第一实验学校举办"模拟法庭"活动，让小学生扮演模拟案件角色，重现一起校园霸凌引发的故意伤害案件庭审过程，让未成年人切身感受法律的公平公正，提高未成年人的法律意识和自我保护意识。

为广泛宣传《中华人民共和国未成年人保护法》《中华人民共和国家庭教育促进法》，我们根据真实案例精心制作普法短剧《看不见的魔爪》和《蓝色港湾》，分别荣获广东省未成年人保护百集普法短剧大赛二等奖和江门市家庭情景微剧创作视频征集展播活动二等奖。

未来，我们将聚焦人民群众司法需求，充分发挥检察职能，进一步加大宣传力度、丰富宣传内容、拓宽宣传渠道，组织开展形式多样的普法宣传，努力营造尊法、学法、守法、用法的社会氛围。

"开门立法"架起税务机关与纳税人的桥梁

国家税务总局江门高新区（江海区）税务局　何英磊

党的二十大报告提出，"全过程人民民主是社会主义民主政治的本质属性，是最广泛、最真实、最管用的民主""支持和保证人民通过人民代表大会行使国家权力""健全吸纳民意、汇集民智工作机制，建设好基层立法联系点"。

2022年1月，江门高新区（江海区）税务局（以下简称"江海区税务局"）迎来了一份特别的荣誉——在2021年《中华人民共和国印花税法（草案）》立法意见征集活动中，江海区税务局提出的意见被全国人大常委会法工委吸收采纳。

这份特殊的荣誉，既是我们积极参与江海基层立法联系点工作的见证，也凝聚了税务人员、纳税人、缴费人对全过程人民民主建设工作的汗水结晶。

税务基层的声音"直达中央"

江海区税务局紧紧抓住江海区人大常委会作为全省首

个全国人大常委会法工委基层立法联系点这个契机，积极将基层税务声音通过这个桥梁反馈到国家立法机关，为新时代基层立法联系点践行全过程人民民主的答卷添上一笔"税务蓝"。

2021年，在收到《中华人民共和国印花税法（草案）》立法意见征集的通知后，我们认真配合江海基层立法联系点的相关工作，积极参与立法意见征集活动。

一是设置联络员，便于沟通联系。选用具有一定专业知识和实践工作经验，热心法治工作的业务骨干，组成江海区税务局的立法联络员和信息员队伍，保证立法工作沟通联系畅通。

二是广泛征集意见，发挥纽带作用。一方面，广泛向纳税人、缴费人征集有关税收立法方面的意见建议，例如，通过组织企业座谈会、依托办税服务大厅政策咨询岗收集市场主体的意见建议；另一方面，广泛向局内各单位征集立法意见，集思广益，深入结合工作中的"痛点"、难点、"堵点"进行思考。

三是组织专项调研，保证意见质量。充分发挥法律顾问作用，邀请律师参与相关立法建议的研讨调研，对立法建议的必要性和可行性进行深入研究，保证立法意见的质量。

2021年3月15日，江海基层立法联系点在江海区税务局召开印花税法（草案）意见征集座谈会。座谈会上，参会人员

结合日常工作实践，并经过局内各部门共同研究讨论提出一条
意见建议，"建议法律正式实施的时间按照实际的会计年度或
季度的起始时间设定"。

何英磊（左二）在国家税务总局江门高新区（江海区）税务局
开展印花税法（草案）立法意见征集座谈会

　　提出这条意见的初衷既是为今后的税务工作开展提供便
利，同时也为纳税人涉税业务的开展提供方便。纳税申报期限
多为按年申报或按季申报，将法律正式实施的时间按照实际的
会计年度或季度的起始时间设定，保证法律实施时间与税款申
报期保持一致。一方面，方便纳税人进行会计核算和纳税申
报，及时依法纳税，有效防范税收风险；另一方面，有利于税
务机关落实相关法律规定，合理进行税收效应分析，有效防范
执法风险。

最后，我们提出的这条意见建议被全国人大常委会法工委采纳，让税务基层的声音"直达中央"。

2022年1月26日，我们作为优秀单位受邀参加立法意见义务收集员座谈会暨荣誉证书颁发仪式并获得表彰，这是对我们工作的一种充分肯定。

为立法工作贡献税务力量

最近几年，我国发布的税收法律征求意见稿不仅越来越多，而且在制定财税部门规章、规范性文件时，也非常重视向社会公开征求意见。我们认为，这不仅是一种立法姿态，而且是立法思维的根本转变。

税收立法涉及千家万户、广大经营主体。作为与市场主体联系最为紧密的政府部门之一，我们始终坚持和发展全过程人民民主，始终以人民为中心，更多听取纳税人的意见建议，更好体现和保护纳税人的合法权益。

为了提高参与立法的质量，2022年4月，我们主动申请成为江海基层立法联系点的立法联系单位，立足税务实际，积极建言献策，为立法工作贡献税务力量。

在此期间，依托江海区人大常委会作为广东省首家国家级基层立法联系点的优势，我们多渠道进行税收"普法"宣传，送税法进社区、进企业，增强了企业依法纳税的意识，持续优

化税费服务，提升纳税遵从度，促进征纳关系和谐。

今后，我们将继续助力江海基层立法联系点建设工作，搭建连接纳税人、缴费人的"连心桥"，为法治江海建设贡献更大的税务力量。

"薯类"被明确纳入法定的粮食范畴
基层的声音被听见

江门市开平市人大常委会　张仁杰

2020年，侨乡江门拥有了国家级基层立法联系点，设在江门市江海区。作为江门市辖的兄弟市区，我们也屡屡搭上国家立法的"直通车"，表达我们工作生活中很有感受的，以前想提却不了解反映渠道的对法律法规的意见。基层通过实践出真知，还能把建议"原汁原味"反馈给全国人大常委会法工委，立法这件"专业事"变成了我们群众的"身边事"，基层的工作积极性也得以提升。我在工作中深切体会到，时刻尊重人民的主体地位，充分调动人民群众参与立法工作的积极性，立法工作才更具有生命力。

带着实践中的建议搭上"直通车"

不开立法意见征询会也可以主动提建议吗？通过江海基层立法联系点可以把建议上传至最高国家立法机关吗？2022年4

月的一天，我收到了来自江海基层立法联系点工作人员的肯定答复，我立即把这个好消息反馈给想提出意见的开平市纪委监委的工作人员，随后我们与江海基层立法联系点的同事们共同亲历了全过程人民民主。

事情还得从开平市人大常委会的工作走访说起。其实很早以前，开平市人大常委会已经将立法意见建议征集工作融入日常工作。在走访中，开平市纪委监委的工作人员像往常一样提出了他们长期关注的建议：刑法第三百九十九条存在处罚规则不一致的情况，该条款规定，司法工作人员犯渎职罪同时犯受贿罪的，适用重罪吸收轻罪处罚规则，非司法工作人员犯渎职罪同时犯受贿罪的，适用数罪并罚处罚规则。在实务中出现犯罪情节完全相当的情况下，由于身份不同，判决刑罚不同，因而引起人们对法律规定是否公平的讨论。

我们一致认为，这个建议还是很中肯的，并立即开展调研走访，向周边地市征集建议，发现这是同志们在工作中遇到的共性问题，思来想去准备联系江海基层立法联系点，直接向全国人大常委会法工委提出建议，这样省去了我们层层上报的时间，也能确保建议能够"原汁原味"抵达最高立法机关。

很快，江海基层立法联系点组织部分律师代表、纪委监委办案人员、立法联络员和信息员召开征求意见座谈会，整理形成有关研究报告，在报告中提出了我们关于修改法律的建议，上报全国人大常委会法工委。后来听江海基层立法联系点的同志反馈，我国刑法将来会做通盘修改，届时会认真研究我们的意见。我们的声音被听到了，让我们倍感振奋。

田间的建议真的被采纳了

有了之前的经验，2023 年我们又来"搭车"了。

开平市人大常委会开展粮食安全保障法调研

在《中华人民共和国粮食安全保障法（草案）》征求意见中，我们认为，应当进一步明确"粮食"的定义，草案和国务院出台的《粮食流通管理条例》同一些省、自治区、直辖市出台的粮食安全保护条例略有差异，例如，国务院的条例和地方性法规中多数把粮食定义为"小麦、稻谷、玉米、杂粮及其成品粮"。而实践中，薯类也应被纳入粮食的范畴，但是草案都没有明确写出来，感觉不是特别清楚。

事实上，进一步明确并扩大粮食的定义，不但符合我国粮食安全的大食物观理念，也更能激发农民和粮食生产企业的种植积极性。建议明确草案第六十八条对粮食的定义，做好与其他法律法规的衔接。

很快，江海基层立法联系点对立法建议进行了整理上报，最后该建议被全国人大常委会法工委采纳。《中华人民共和国粮食安全保障法》第七十三条明确规定："本法所称粮食，是指小麦、稻谷、玉米、大豆、杂粮及其成品粮。杂粮包括谷子、高粱、大麦、荞麦、燕麦、青稞、绿豆、马铃薯、甘薯等。"我们把法律条文给农民朋友们看，他们都说"这才是实事求是，本来就是粮食，符合常识和实际"。江海基层立法联系点的工作人员还向意见被采纳的同志颁发了荣誉证书，这让我们基层的同志深受鼓舞，真的没想到田间的建议被采纳了！相信在之后"问政于民、问计于民"的相关工作中，我们将传递出更多来自基层、来自田间，有着泥土香气与智慧的好建议！

以基层立法阵地实践村民民主议事

江海区礼乐街道英南村　胡日强

2021 年荣获全国村级议事协商创新实验试点单位、全国民主法治示范村，2022 年荣获全国先进基层群众性自治组织……被确立为广东省人大常委会基层立法联络单位、江海区人大常委会立法联络单位以来，英南村先后获得 7 个国字号荣誉，交出了一份令群众满意的"民主答卷"。

胡日强（第二排左四）组织村民召开议事会

作为英南村党总支书记、村委会主任，近年来，我带领英南村全面贯彻全过程人民民主重大理念，探索建立村民议事会制度，搭建村民议事平台，培养村民的政治素养，充分调动了村民民主参与的积极性。

制度建设引领民主建设

2018 年 12 月 26 日，英南村制定了《英南村村民议事会章程》，标志着村民议事会制度正式建立。

议事会成员包括固定成员与非固定成员两种。固定成员由住在本村的各级人大代表及政协委员、驻地企业或单位代表、社会组织代表、乡贤代表（如退休老干部、老党员、老劳模）等组成；非固定成员由群众代表、专业人士等组成。

议事会主要讨论和解决的议题包括：村民意见较为集中的重点、难点、热点问题，本村邻里矛盾纠纷调处涉及的问题，本村公共文体娱乐活动所涉及的相关事务，村内各群众组织或利益相关方提出经村党组织同意进行民主议事协商的重大事项，其他涉及本村和多数村民利益的、需要发动村民参与的公共事务和公益事业等。

议事会制度实施后，我们在 2019 年 1 月 9 日正式召开了第一次村民议事会，主题是商议英南幸福院一楼改造工程。会议邀请了 5 位村民及设计等有关专业人员与议事会成员共同参加会议，通过群策群力，最终确定了英南幸福院的改造工程计划。改造后的英南幸福院与英南村卫生服务中心连通，厕所内修建了适合老人如厕的扶手、紧急呼叫铃等，幸福院活动中心增设影音、棋牌等娱乐休闲设施，受到了英南村老人们的交口称赞。

迄今为止，英南村村民议事会已经召开了 18 次，在协同管理村级事务、科学民主决策、提高村民满意度方面，取得了较大的成效，搭建了村民有效共治的参与平台，让村内自治真正焕发新动力。

多平台建立立法联系阵地

2021 年以来，英南村先后被确立为广东省人大常委会基层立法联络单位、江海区人大常委会立法联络单位、江海区政协委员之家。依托这些民主立法平台，英南村逐渐成为立法机关倾听基层声音的重要窗口。

在村内，我们不仅打造了法治公园、法治长廊等硬件设施和活动场所，还依托村民户内户外议事厅，定期开展形式多样的普法学法活动，充分实现法治与自治、德治的有机融合，扎实法治基础。同时，英南村依托党建示范村、村民议事会制度开展基层立法联系工作，开启了"党建＋基层治理＋立法"的有益尝试，成为践行全过程人民民主重大理念的生动实践。

至今，我们在村内已经开展了多场立法意见征求座谈会，群众广泛响应、积极参加，为国家立法贡献了数十条"基层声音"。其中，《中华人民共和国农产品质量安全法》采纳我们村的意见建议 3 条，《中华人民共和国妇女权益保障法》采纳我们村的意见建议 11 条，乡亲们"原汁原味"的意见建议依托江海基层立法联系点可以直达国家立法机关。

同时，我们村也是一个向民众普法的大平台。村内设有英南村人大基层立法联系单位会议室、英南幸福院二楼议事会议室等两个室内议事普法园地，法治公园榕树下议事亭、法治长廊户外议事亭等两个户外议事普法园地。

在议事普法阵地中，我们不断为人民群众普法宣传。如民法典出台以来，我们村连续三年在 5 月"民法典宣传月"中开展多层次、多样化的普法活动，全方位进行民法典宣传。

村民们在榕树下的议事亭里围坐畅谈

妇女议事会走出民主新步伐

我们在不断积累建设村民议事会与基层立法联系点经验的同时，也在为民主法治建设寻求新的发展道路。2020年，我们村制定了《英南村妇女议事制度》，通过建立妇女议事会，坚持议事问题导向，培养妇女的政治素养，逐步推进妇女议事会工作，不断提升妇女的地位与参与社会治理的热情。

在征求妇女权益保障法（修订草案二次审议稿）的意见时，我们村的妇女议事会根据村实际提出了很多建议，围绕如何执行党的政策、村干部如何服务群众、农业生产、邻里纠纷调解和家庭矛盾调解、村容村貌，以及留守儿童、留守老人、残疾人困难群体帮扶等多个方面，在不同的时间节点召开议事会，听取和征集群众的意见，共同推动问题的解决，共建幸福家园。

截至2024年3月，我们共召开妇女议事会11次，参与议事的村民多达179人次，讨论的议题包括"乡村旅游发展的闲置房屋活化利用""英南村南北乐里交界处下水道整改""加强村内电池车安全治理""英南乡贤馆二、三楼服务功能完善及文体公园增设便民休闲服务站"等，内容涉及民生工程建设、公共服务、公共卫生、经济发展等与群众生活息息相关的大小事项，让民主与法治融入人们生活。

从村民自发创建民主协商议事的村民议事会，到被确立为区人大常委会基层立法联络单位参与民主立法，再到发掘"女性力量"创建妇女议事会，英南村不断深化探索全过程人民民主在基层的发展道路，提升人民群众对人民民主、依法治国的参与度，筑牢党领导下的人民民主深厚根基，以实际行动践行新时代中国特色社会主义民主政治。

18

让全过程人民民主在社区落地开花

江海区江南街道江翠社区　李小霞

党的二十大报告指出："要健全人民当家作主制度体系，扩大人民有序政治参与，保证人民依法实行民主选举、民主协商、民主决策、民主管理、民主监督，发挥人民群众积极性、主动性、创造性……"

2015 年 11 月，江翠社区被确立为广东省人大常委会首批基层立法联络单位；2020 年 7 月，江翠社区又成为江海基层立法联系点的立法联络单位。这些年，我们充分发挥这一优势，着力搭建立法机关与基层群众的桥梁，做好立法语言的转换器、法治建设的助推器，打通收集民情民意的"最后一公里"，得到了居民群众的一致好评。

立法意见义务收集员　广泛采集民意

"棠叔早！"吃过早饭后，79 岁的立法意见义务收集员麦棠照例到社区转一转、聊一聊，街坊邻里看到他都会热情地打招呼。棠叔在与居民沟通的过程中开展法律意见征集这样的场景，在我们社区中已成常态。

为更好地开展全过程人民民主实践工作，我们搭建起专项工作队伍，成立了以社区书记为负责人、社区专职工作人员为联络员的实践基地工作小组；同时组建立法意见义务收集队伍，成员由社区党代表、人大代表、政协委员、律师代表、行业代表、网格员和单元长等人员组成，汇聚各行业英才，打造高素质的立法意见征集队伍，让民众的声音有处可传、落地开花。

李小霞向社区居民征集意见

立法参与主体越广泛，就越容易从民意中汇集智慧、凝聚共识。如今，我们这支队伍已经从最初的 10 人发展为 83 人，年龄最小的 25 岁，最大的 79 岁，确保民声听取"广"、民情反映"实"、民意归纳"准"。像麦棠、唐桐训、何树榕等退休老人，都是我们社区热心的立法意见义务收集员。

在广东省人大常委会征求《广东省实施〈中华人民共和国律师法〉办法（草案）》意见期间，麦棠提出，草案第九条关于"律师执业期间因过失犯罪受到刑事处罚，正在服刑的，由地级以上市人民政府司法行政部门收回其执业证书，服刑期满后予以返还"这一规定，对律师重新执业的要求过于宽松，建议参考机动车驾照申领有关规定作出修改。该意见被省人大调研组采纳，《广东省实施〈中华人民共和国律师法〉办法》正式公布施行时已对该条款进行了修改。

2020 年 11 月，江海基层立法联系点围绕野生动物保护法（修订草案）开展意见征集工作，另一位立法意见义务收集员唐桐训提出一条关于"鼓励社会公众参与"的意见，被写入了新修订的野生动物保护法第六条第二款，即"社会公众应当增强保护野生动物和维护公共卫生安全的意识，防止野生动物源性传染病传播，抵制违法食用野生动物，养成文明健康的生活方式"。2022 年 12 月，这一采纳情况得到全国人大常委会法工委发言人臧铁伟的具名反馈，更加鼓励了唐桐训和其他社区居民积极参与立法意见征集工作。"我知道我的工作是有意义的，我们提交的意见，都是一步一步、一户一户'跑'出来的。"唐桐训表示。

对此，唐桐训的好搭档何树榕也深有感触。"前些年，我帮大家修水管、搬家具后，向大家征求立法意见，大家会说：'榕叔，你跟我们说有什么用？你们有这个条件改变吗？'"何树榕说，在民法典出台之后，大家态度发生了翻天覆地的变化，"大家知道，自己的意见会被立法联系点采纳，而国家的立法，也是真正以人民为第一位的。自那以后，我上门收集立法意见就简单多了。"

现在，对于我们老百姓来说，立法工作不再是一件"高大上"的事情，而是能够看得见、摸得着的身边事。

打造宣传矩阵　法治种子根植民心

随着工作不断深入，江翠社区不断深化拓展功能，推动普法宣传、法治评估、基层治理等工作相融相促，逐步向"综合功能"转变。

如今，江翠社区结合自身特点，创新基层立法联络单位的工作机制，搭建了社区立法联络站、社区代表联络站、代表联民议事岗三级联络平台，打通全过程人民民主"最后一公里"，在提升基层治理效能中发挥了重要作用。

在江海区人大常委会和江南街道大力支持下，这些年，江翠社区设置了社区立法联络站和全过程人民民主实践基地活动室，按照"六有"（有场所、有牌子、有制度、有计划、有档

江翠社区居民在大榕树下举办整治餐饮浪费社区论坛

案、有保障）的规范化标准，将相关制度、工作流程、人员架构和活动情况等资料上墙，营造良好的工作氛围。

　　此外，我们在社区综合阅览室增加法学类书籍，放置多种类型、贴近民生、简单易懂的法律专题书籍免费供居民取阅，让更多的居民群众知法、学法、用法、守法，提高居民群众的法律意识。

　　我们运用社区宣传栏、电子屏、广告屏、微信等工具，结合各个时期的政策、法律法规和立法要求进行广泛宣传，营造社区法治氛围。上班通勤中、饭后散步时、嬉笑打闹间，居民们能够感受到法治文化的熏陶，从而在潜移默化中学法、懂法和守法。

　　我们还积极举办法律和立法知识讲座，邀请市、区人大专家学者和社区法律顾问授课。每周四上午联合街长团队，上门收集意见建议；在节假日和重大节日，结合社区活动，在社区小广场、小公园等现场宣传、收集意见和建议，并把所有社情民意记录在册形成台账。

2022年11月，我们在"百姓说法广场"举办了一场别开生面的居民论坛，群众围绕《中华人民共和国无障碍环境建设法（草案）》各抒己见，对城市无障碍环境建设提出很多宝贵的意见。

有居民在论坛结束后表示，自己一直以为立法是高高在上的事情，现在才意识到原来我们普通人也可以参与立法。

老旧小区如何建、电梯加装费用怎么算……我们植根基层，通过汇聚民生热点、感受治理痛点、探讨执法堵点、发现法律盲点，推动基层治理创新，提高基层治理法治化水平。

2020年至今，江翠社区作为广东省基层立法联络单位与江海基层立法联系点立法联络单位，成效显著，累计收集意见和建议超700条，其中，5条被全国人大常委会、3条被省人大常委会、8条被市人大常委会采纳。

下一步，我们将增设全过程人民民主实践基地服务站，建设法治宣传长廊，加强培训教育，不断壮大立法意见收集队伍，将基层立法联系工作和全过程人民民主实践工作落到实处。

　　我们相信，在上级单位、专家和居民群众的共同努力下，江翠社区的法治氛围必将日益浓厚，人民群众将掌握更多法律知识，更好地为促进江海法治建设出谋划策。

第 二 章
侨都故事　凭栏述说

讲好民主法治故事的重要窗口

开篇语

　　江门，是一片侨的沃土，全过程人民民主植根于中国土壤，阐释了社会主义民主的真谛。江门与全过程人民民主的结合，迸发出绚丽的光芒。立足珠三角、大湾区的地缘人文优势，江海基层立法联系点紧密结合江门市委"港澳融合""侨都赋能"工程建设，勇担宪法法律宣传教育活动的重任，成功接待了一系列国内外重要团组参访，着力打造展示中国式民主优越性和法治建设成就的亮丽名片，擦亮了"贴近港澳、亲近华侨、联通海外"的独特品牌。

江海基层立法联系点：
地方不大　意义非凡

香港特别行政区第十四届全国人大代表　霍启刚

　　2023年6月6日—7日，我跟随香港特别行政区第十四届全国人大代表调研组走进江门开展专题调研。2023年是我第一次当选全国人大代表，也是我第一次来江门。

香港特别行政区第十四届全国人大代表调研组
到江海基层立法联系点参观考察

在全国"两会"期间，习近平总书记多次提到中国式现代化，其中也包括了全过程人民民主的重大理念。这次调研主题非常鲜明，即如何从多方面为推进中国式现代化贡献力量，从法治、科技、环保等角度探索高质量发展的未来方向。在江海基层立法联系点，我找到了答案。

全过程人民民主的重要"落地点"

江门人口有 400 多万，但江门籍的海外侨胞却多达 500 多万，是中国著名的"华侨之乡"。江门与香港地缘相近、人缘相亲、文脉相通。江门和香港在政府和民间层面一直保持着特别良好的关系，各领域合作多点开花。

党的二十大报告提出，"全过程人民民主是社会主义民主政治的本质属性，是最广泛、最真实、最管用的民主"。发展全过程人民民主是中国式现代化的本质要求之一。我认为发展全过程人民民主，是中国式现代化的制度优势，是推进中国式现代化的有力政治保障。

2023 年，我当选香港特别行政区第七届立法会议员，我一直非常关注民主法治方面的建设。通过这次调研，我可以到大湾区不同的地方，更加真切地感受全过程人民民主重大理念在基层的生动实践。

在江门调研的首站，我们来到江海基层立法联系点，虽下着小雨，但这里的工作人员热情不减，给我们详细地介绍了江海基层立法联系点的故事。听完介绍，我感到很惊喜，这里虽然地方不大，但是意义非凡，是基层落实全过程人民民主理念的重要"落地点"。

在江门调研结束后，我在个人微博中介绍：在江门，我们考察了全国人大常委会法工委设立的江海基层立法联系点。市民对任何立法情况有疑问或意见的，可以直接向当地的人大代表或者工作人员反映，为立法过程贡献民间智慧。我还特意选取了一张"齐聚社区榕树下，居民热议反食品浪费法"的图片，大家各抒己见，真正把全过程人民民主体现在了基层一线。

通过深入了解，我还发现江门在"科学立法、民主立法、依法立法"，以及知识产权保护、涉外法律服务等方面，做了很多创新性工作。法治化、国际化的营商环境非常重要，我希望未来香港和江门能够继续加强这方面的对接合作，携手实现高质量发展。

江门是一个非常亲切的地方

作为调研组的成员之一，我很高兴有机会来到江门，这里对我来说是一个非常亲切的地方。我奶奶的家乡在江门，以前就经常听她讲述在家乡成长的故事，而我妈妈是出生于缅甸的江门台山归国华侨，所以此行对我来说也有寻根的意义。

在江门调研时，我们还参观了开馆不久的中国侨都华侨华人博物馆。进入大厅，"根在侨乡"四个字就映入眼帘，貌似很简单，但是意义深厚。这四个字让我想起2018年跟随全国政协港澳台侨委员会到土耳其、德国等欧洲国家看望当地华侨的情形。虽然这些华侨同胞已经离开祖国好几十年了，但我仍然被他们的爱国情怀所打动，也深深感受到他们为祖国的发展而骄傲、为家乡而自豪的情感。

习近平总书记在第七届世界华侨华人社团联谊大会上曾指出："团结统一的中华民族是海内外中华儿女共同的根，博大精深的中华文化是海内外中华儿女共同的魂，实现中华民族伟大复兴是海内外中华儿女共同的梦。"我们国家正向第二个百年奋斗目标迈进，华侨华人的力量是不可或缺的。

霍启刚（左一）在江海基层立法联系点合影留念

我在全国政协关于"增强中华文明传播力影响力"专题协商会发言时，也提出了建议，希望借助海外华侨华人的力量与资源，更好地加强中华文明的文化传播力。在历史的进程中，早期赴外国的华侨华人不但为祖国的发展付出了很多（包括抗战工作上的贡献），也在当地付出了血和汗，参与当地社会的发展。

说到这里，我又想起五个字，"有国才有家"，家就在你的心之所在。无论人在国内还是国外，我们都要认清我们的"根"在哪里，这样才有精神的依托。作为侨胞，我们应该为国家发展壮大作出贡献；同时，国家强大后，也要进一步与海内外华侨华人分享国家发展的红利，不断提升他们的幸福感、获得感。

"零距离"接触全过程人民民主

香港恒生大学传播学院　曹　虹

　　江海基层立法联系点、江门"侨梦苑"核心区、中国侨都华侨华人博物馆、五邑大学、李锦记（新会）食品有限公司……2023 年 3 月 16 日—17 日，在香港江门五邑侨联联谊总会、香港江门五邑同乡联谊总会的邀请下，我与学院副院长带领恒生大学传播学院 30 多名本科生来到江门，到博物馆、高校、企业参观学习，感受内地的变化。

香港江门五邑两联会、香港恒生大学参访团参与
十四届全国人大常委会立法需求及立法工作意见征集座谈会

短短几日的走访研学，让我感受到了江门这座城市的独特魅力，改变了我与同学们曾经对内地的"刻板印象"，并亲身感受到全过程人民民主在江海的生动实践。

"民主"是全人类的共同价值

2023 年 3 月 17 日，我第一次走进江海基层立法联系点，颇为震撼，也正是那一天让我对"民主"有了更深刻的认识和理解。

作为土生土长的香港人，"民主"这个词耳熟能详。但我从未想过一个村民、一个学生、一个职工，能够真真正正参与国家法律的制定，最基层的声音也能真实地传递到中央，落实到法律中。

一到江海法治广场，我被其宁静而庄重的景象所吸引，这里处处透露着浓厚的法治氛围。我们受到了热情的接待，工作人员特地用粤语介绍了江海基层立法联系点的历史案例、工作职责和运行机制，现场氛围轻松融洽，激起了我们对江海基层立法联系点的浓厚兴趣。

南粤的村庄，冠大叶密的榕树可遮阳、能挡雨，是人们茶余饭后乘凉、闲聊的天然去处，从而形成了"榕树在哪儿，家就在哪儿"这一现象。随着该地区礼乐街道英南村、外海街道直冲村等成为江海基层立法联系点的立法联系单位，这里的"榕树下"被赋予了新的内涵。

我清晰地记得，当时讲解员告诉我们：这里不少村子里的村干部发现村民们喜欢在村委会门口的大榕树下活动，干脆就把横幅拉过去，就地征集立法意见。就在这一棵棵大榕树下，提出了关于《中华人民共和国农产品质量安全法》《中华人民共和国妇女权益保障法》《中华人民共和国家庭教育促进法》等最"接地气"、最"原汁原味"的十余条立法意见建议。

　　"民主不是装饰品，不是用来做摆设的，而是要用来解决人民需要解决的问题的。"在此次走访研学过程中，我与同学们亲身感受、真实体会，"零距离"接触到全过程人民民主。一个个生动的立法实践让我与同学们感同身受，真正认识到全过程人民民主既能使人民意愿畅通表达，也能有效提高立法质量和效率，实现各方面意志和利益的协调统一，保障社会和谐稳定。

香港江门五邑两联会、香港恒生大学参访团到
江海基层立法联系点参观

希望更多香港声音能够搭上"直通车"

精彩的时代需要精彩的讲述,民主的故事同样需要更好地传播。江门离香港仅有 200 多公里,大约三小时的车程,地缘相近、人缘相亲,人员往来频密,是香港同胞了解广东乃至内地的重要窗口。

我了解到,江海基层立法联系点是广东省、粤港澳大湾区首个全国人大常委会法工委基层立法联系点,在立法意见征集和普法宣传活动中,尤为重视香港同胞的参与,曾开展专项调研了解香港同胞的法治需求,积极为香港同胞参与国家立法搭建桥梁、传递声音。

在参观过程中,深入了解了联系点在收集民意、汇聚民智方面的具体做法。这里通过多种渠道广泛收集群众意见,确保立法的民意基础更加坚实。同时,联系点还积极开展普法宣传活动,提高群众的法律意识和参与度。

这次走访研学我收获颇丰,深切体会到内地与香港在法治建设方面的紧密联系和相互借鉴的重要性。我希望香港学子把江海基层立法联系点的宝贵经验融入日常的研究和实践中,呼吁更多的香港学子为推动香港与内地的交流合作、促进两地法治建设的进步贡献一份力量。

在我看来,江海基层立法联系点有很大希望成为内地与香港沟通的"桥梁"。一方面,发挥侨乡优势,向港澳同胞讲好中国的民主故事、立法故事，让更多香港市民了解全过程人民民主；另一方面，倾听香港声音，传递香港故事，让香港声音也能搭上基层立法联系点这一班"直通车"，融入国家发展大局。我期待未来有更多的机会来这片充满活力和希望的土地，与内地同胞共同探索民主法治建设的道路。

非洲英语国家议员代表团：
"这样广泛的代表性，我只在中国看到过"

江海基层立法联系点　陈晓岚

习近平总书记指出，"民主是全人类的共同价值"。全过程人民民主重大理念的全部内容，都贯穿着对全人类共同价值的追求。全过程人民民主重大理念的提出，在世界民主政治话语体系中贡献了中国智慧、提出了中国方案、发出了中国声音。基层立法联系点是践行全过程人民民主的重要形式，也是对外宣介全过程人民民主的重要阵地。

人间四月，万物并秀。2023 年 4 月 27 日，江海基层立法联系点迎来了自设点以来的首批外国客人——非洲英语国家议员研讨班，当天，来自博茨瓦纳、莱索托、马拉维、纳米比亚、塞舌尔、索马里、乌干达、赞比亚等 8 个国家的 21 名议员，实地走访，用眼睛、耳朵、心灵去体会全过程人民民主背后的含义。

非洲英语国家议员研讨班到江海基层立法联系点调研

近距离感受全过程人民民主

"Welcome to Jianghai Grass-roots Legislation Contact Point. I'm very glad to meet you here." 当时挂任江海区委副书记、区人大常委会党组副书记的李敏用英语开场，并热情洋溢地致辞欢迎非洲友人走进江海基层立法联系点活动中心。在这里，我们详细地向他们介绍了法治广场及基层立法联系点的功能定位、建设历程和实践成效，并就如何密切联系群众、收集基层声音等内容进行深入交流。

在展板前，我们特别向客人介绍了残疾群众吴腾信积极参加无障碍环境建设立法意见征集活动，时任全国人大常委会法工委办公室主任孙镇平跨越千里看望和鼓励吴腾信的故事。

在听完介绍后，议员们产生了浓厚兴趣，并仔细询问。索马里人民院议员、劳动与社会事务部国务部长优素福·穆罕默德·阿丹表示："在江海基层立法联系点，我看到了当地政府和立法机构如何确保人民更好行使手中的权力。中国政府作出了很多努力，来建立政府和人民之间更直接的联系。通过这种联系，人民的利益和需求能够更直接地向上传递。"

　　"这样广泛的代表性十分罕见，我只在中国看到过。"纳米比亚国民议会议员莫达斯特斯·阿姆表示，在中国的立法过程中，人大代表充当联系人民群众的纽带，让群众深入参与立法过程。

　　塞舌尔国民议会议员塞巴斯蒂安·皮拉伊也谈到了自己的感受和体会："我感受到中国在处理各项事务过程中，民主政治取得了极大进步，这个做法应该继续保持，并且推广出去让其他国家参考学习。一个制度的落脚点应该是办好实事，而不应花费太多时间在空谈上面。"

　　现场参观后，全国人大代表丁雪梅、广东省人大代表徐锡彦向非洲议员们介绍了人大代表是如何为选民代言的。二人的介绍有数据有事例，既生动又有说服力，他们听后竖起了大拇指。

　　此次交流研讨以"中非立法机构在国家现代化进程中的使命和任务"为主题，凸显了地方各级人大常委会在新时代人大外交工作中的重要作用和特色优势。实践证明，江海基层立法联系点作为广东省首家"国字号"基层立法联系点，有责任、有能力更好服务国家外交大局，为促进中外友好合作全面发展，展示中国基层民主实践成果，构建人类命运共同体作出积极贡献。

未来，我们将以此次活动为契机，不断深化工作实效，巩固扩大工作成果，强化对外宣传，打造特色品牌，努力发挥好向世界传播中国民主声音、讲述中国法治故事、介绍中国发展成就的窗口作用。

讲好全过程人民民主的实践故事

参观考察是海内外来宾实地了解基层立法联系点有关情况的重要途径，也是展现中国式民主运行过程的有效方式。如何做好重要外事接待工作，我们进行了充分的思考。

首先，接待工作要有针对性。考虑具体对象的特点、需求，有效提升来宾参观体验感。在接待港澳同胞、江门籍华侨时，我们事先提供繁体字资料，使用粤语解说，得到了客人的热情回应；在接待外国友人时，我们要以对方熟悉的语言直接交流、答疑解惑，提供对方熟识的文字资料。

其次，接待工作要有侧重点。现场解说和宣传展示资料应突出来宾关注的焦点、兴趣点，着重展示基层立法联系点在立法过程中实践全过程人民民主的具体方式，描绘出基层民主立法的细节。

最后，接待工作要有深入性。在时间安排充裕的条件下，可适当安排专题宣讲、活动观摩、座谈交流、媒体采访、赠送纪念品等环节，特别是外宾普遍较为活跃，当场提问较多，有针对性地答其所问，更有利于提升说服力，让来宾沉浸式体验民主立法的步骤和过程，全面感受全过程人民民主的优越性。

基层立法联系点是坚持和完善人民代表大会制度、发展中国特色社会主义民主的重要制度创新，不仅需要自上而下建立覆盖广泛、类型丰富的立法联系网络，也需要迈出国门，在国际上发出响亮的中国声音。

我们认为，在各级人大常委会组织的外事活动中应当增加对基层民主立法工作的宣传介绍，通过基层立法联系点的典型人物和案例，全方位、立体化地讲述易于被世界接受和理解、易于引起共鸣和认同的中国民主故事，加快构建中国民主话语体系。

同时，应当积极邀请外国客人和华侨华人到基层立法联系点实地考察，安排他们与基层干部群众深入交流，增进其对中国式民主的理解认同。此外，还应进一步探索融媒体时代的对外传播策略，在理念、内容、机制、载体、渠道、风格等各方面守正创新，可以尝试借助西方主流媒体以及海外社交平台传播中国民主声音，以期产生更广泛的国际影响力。

斐济议会副议长奎里奎里塔布阿："人民就是江山"的江海实践给我留下深刻印象

江海基层立法联系点　李艳华

六月的江海，风光如画。

2023 年 6 月 8 日，江门市江海基层立法联系点来了一群特殊的客人——斐济议会代表团，带队的是斐济议会副议长奎里奎里塔布阿。他们从深圳出发，横跨伶仃洋，来到江门，深入江海基层立法联系点，亲身感受全过程人民民主重大理念在江海的生动实践，全方位了解中国式现代化建设成果。

"Distinguished guests, welcome to Jianghai Local Legislative Outreach Office.We are now standing in the Rule of Law Square..." 步入江海基层立法联系点门前的法治广场，奎里奎里塔布阿一行跟着讲解员的脚步，驻足在一座处于打开状态的汉白玉材质宪法书雕塑前，聆听国家宪法背后的发展故事。

循着法治长廊、宪法编纂历程景墙、民法典景墙等信步走去，一步一主题，从国家根本法到基本法的历史发展故事一一呈现在他们眼前。

斐济议会代表团到江海基层立法联系点考察交流

当天，我们的讲解员全程用英语向斐济议会代表团介绍江海基层立法联系点的布局，以及立法意见征集流程、立法联系网络拓展、工作制度健全完善、对外交流宣传推介等工作情况。

议员们听得十分专注，还不时用手机拍照记录，与讲解员提问交流。看着活动中心墙上一个个生动的群众参与民主立法故事，奎里奎里塔布阿不禁十分感慨，她说："在中国，人民可以通过基层立法联系点这样的渠道，去反映诸如饮水安全这样的民生问题，这些意见能够被广泛听取并及时解决，这是不可多得的一种实践。"

听到这样的反馈，证明我们织密意见征询网的方向和路径是正确的。目前，我们通过充分挖掘辖区内党政机关、事业单位、民营企业等资源优势，主动联络律师事务所、会计师事务所等专业服务机构，密切联系区人人代表、政协委员，广泛发动社区居民群众，不断拓展立法意见征询的深度和广度。

　　其间，我们还互赠礼物，江海区人大常委会主任余志坚向他们赠送了《中华人民共和国立法史》，希望他们可以更进一步了解新中国成立以来的立法历程和我国立法工作取得的突出成就和宝贵经验。奎里奎里塔布阿回赠了一个非洲木雕大盘，向江海基层立法联系点传递美好的祝福。双方互赠礼物后，奎里奎里塔布阿还在现场执笔题词，她说："斐济代表团很荣幸访问江海基层立法联系点，期待与江门建立更好的伙伴关系。"

斐济议会副议长奎里奎里塔布阿在江海基层立法联系点执笔题词

　　"广东之行让我深感惊讶，让我们亲身感知到，中国'人民就是江山，江山就是人民'的发展思想。"在接受媒体专访时，奎里奎里塔布阿表示："这是我第一次到访中国内地，其实先前，我们对中国的（民主制度）情况，有一些先入为主的想法。然而，我对人大代表展现出的工作效能，印象十分深刻，他们广泛听取街道一级的群众意见，并且将基层民意逐级上传至县、市、省，直至全国人大。通过基层立法联系点，在立法者和群众之间建立良好联系，这对于任何国家、任何政体来说，都至关重要，因为立法权力由民而来。"

侨联四海，根在五邑。这已经不是江海基层立法联系点第一次接待海内外来访团：2023 年 3 月 16 日，香港友好社团代表、香港恒生大学学生代表一行 40 余人来到江海基层立法联系点；同年 4 月 27 日，由来自博茨瓦纳、莱索托等 8 个国家的 21 名议员组成的非洲英语国家议员研讨班走进江海基层立法联系点参观访问；同年 6 月 6 日，香港特别行政区第十四届全国人大代表调研组到江海基层立法联系点调研……一次次高规格外访团的到来，在海内外有力传播了实践全过程人民民主、推进法治中国建设的江海声音、江海担当、江海风采。

截至 2024 年 4 月，我们累计接待海内外来访团组 200 余个，鲜活的中国民主故事从这个小小窗口传播到更广阔的世界。

未来，我们将继续立足中国侨乡，更加积极地参加各级人大常委会组织的外事活动，向外传递中国人民的心声，推动全过程人民民主成为全球治理中国话语体系的有机组成部分。更

好地发挥法治广场宣传教育主阵地作用，实现法律法规内容展示、法治建设资讯传播、热点问题法律解读、法治理念灌输、法治思维培育的有机融合。同时，主动对接中央、省、市各级主流媒体，向国内外生动展示中国基层民主发展的蓬勃气象。

5

牵线搭桥　讲好中国民主立法故事

巴西江门五邑青年联合总会　陈文添

每一年，我都会回来江门两次，一次是春节回家乡江门台山探亲，一次就是参加江门"两会"。

2020年春节，突如其来的新冠肺炎疫情，延迟了我回巴西的计划，"滞留"在国内长达两年半之久，这也是我移居巴西多年来停留家乡时间最长的一次。

在这两年半的时间里，我一边"远程遥控"海外的生意，一边享受难得慢下来的时光，欣赏家乡风光，积极参与家乡的侨务活动。其间，我也有幸与江海基层立法联系点结缘，看到中国立法越来越民主，越来越开放包容。

借助广阔的朋友圈
激发海外侨胞参与立法的热情

江门素有"中国第一侨乡""中国侨都"美誉，祖籍江门的海内外华侨华人和港澳台同胞超过530多万，分布在145个国家和地区。因此，江门成为海外华侨华人观察广东乃至中国的重要窗口。

我 28 岁就远赴巴西经营生意，经过 20 多年打拼，在当地闯出了属于自己的天地，同时成为巴西中国功夫龙狮文化总会会长、巴西江门五邑青年联合会会长。

2022 年 4 月，滞留家乡期间，在江门市侨联的牵线搭桥下，我有幸与更多同是"滞留"国内的其他侨领一起到江海基层立法联系点参观学习。

走进江海基层立法联系点活动中心，一面立法建议展示墙映入眼帘，一条条被采纳的立法意见、一项项数据记录着联系点"成长"的点滴。

在这里，我看到了民主立法的曙光。江海区人大常委会立足江门侨乡特色，积极开展涉侨法治宣传，推进涉侨立法意见征集，促进归侨侨眷和华侨华人参与立法、实施华侨华人权益保护等工作，致力于将江海基层立法联系点打造成以华侨华人、港澳同胞为桥梁纽带，向世界传播中国民主声音、讲述中国法治故事、介绍中国发展成就的窗口。

在这里，华侨华人参与立法完全没有障碍——无论是地方立法，还是国家立法；无论是立法前民意征询，还是立法后跟踪评估，只要愿意，都可以全过程参与。

在参观当天，江海区人大常委会与江门市归国华侨联合会签署了《加强基层立法联系点建设合作框架协议》，这意味着，我们有更多的机会参与国家立法活动。

此后的时间里，只要有关涉侨的法律草案，都会通过市侨联发到我这里，我也借助在巴西建立的广阔的朋友圈，牵线搭桥，将立法意见征集的资料在同乡会、朋友圈中广泛传播，激发海外侨胞参与立法的热情。

陈文添（前排左三）与华侨华人在江海基层立法联系点合影留念

加强涉外涉侨法治建设
讲好中国民主故事

一个强大的祖国是广大旅居海外华侨华人的坚强后盾，一个社会稳定和经济强劲的中国则是全世界共同的福祉。

我认为，加强涉外涉侨法治建设，为华侨华人提供法律援助服务是非常有必要的，也是众多海外侨胞的心声。这些年，我也一直致力于这样做。

2021年，我被江门市侨联任命为海外调解员，我感到无上光荣，这让我有更多的机会为海外华人华侨服务，有一个新的平台为更多华人华侨解决实际困难。与此同时，我也通过不同的渠道向华人华侨宣传介绍推荐江门市侨联法顾问委员会，介绍涉侨纠纷多元化调解工作。

2022年9月，巴西侨眷黄小洪在中山购买商品房，与房地产商因网签手续等产生纠纷，长时间未能解决。得知情况后，我和搭档陈荣正与江门市侨联取得联系，请求协助推进。市侨联主席林春晖亲自部署启动侨界信访化解工作机制，迅速与当事人、中山市侨联对接有关协调化解事宜。在江门市侨联、中山市侨联、中山市新侨服务中心三方的推动下，与当地住建部门、房地产商多次协调沟通，最终达成和解，圆满解决问题。

虽然移居巴西多年，但是我一直心系祖国，不仅在新冠肺炎疫情暴发期间发动海外侨胞募集防疫物资，还致力于传播中华传统文化，发起创建巴西中国功夫龙狮文化总会，以中国武术和舞龙舞狮为巴西人民打开了一扇了解中国、体验中国文化的窗口。

国之交在于民相亲，民相亲在于心相通。扎根巴西之后，我有更多精力思考如何发挥桥梁纽带作用，促进民心相通，厚植中巴友谊。我选择了把突破点放到中国功夫和龙狮文化上，因为这两者在巴西都有深厚的民众基础。

这些年，我也时刻关注着江门在交通、旅游、产业等方面的发展。通过参与各类活动，我对家乡的未来发展更有信心，也愿意为家乡建设贡献一份力量。

2023年，电视剧《狂飙》带火江门，江门背后蕴藏的华侨文化，让更多国人熟知。我认为，江门可以利用影视剧的热度，大力推动餐饮、旅游、农特产品发展，讲好江门故事，传播侨乡文化。

未来，我将以赤诚之心，以"侨"为"桥"，促进中华文化与巴西本地文化交流融合，讲好中国民主故事，传播好中国声音，更加坚定地凝聚侨心侨力，让侨二代、侨三代更好地了解中国、读懂中国，传承和发扬中华优秀文化，为中华民族伟大复兴贡献力量。

6

以己为桥梁　助力法治江海打好"侨"牌

江门市侨商总会　崔漭芹

江门，是一座拥有厚重历史文化底蕴、充满人情味的侨都，与港澳地缘相近、文脉相亲，530多万名江门籍港澳台同胞和海外侨胞遍布全球，400多家港澳投资企业在此生根发展。

与我而言，江门就是我的第二故乡。我出生于中国香港，在美国修读心理学，毕业后往返于美国、香港等地，最终于2009年起定居江门，学习管理家族企业，至今扎根已14年。

14年来，我在江门工作、生活得十分踏实。因为江门市高度重视海内外华侨华人合法权益保障，用好国家级法治平台，以高水平的法治守护呵护海内外中华儿女的"根魂梦"。

如今，在中国侨都江门，越来越多的华人华侨通过江海基层立法联系点参与立法，我也有幸成为其中一员。

凝聚青年力量，为立法贡献"侨"智

作为一个"新江门人"，我始终对江门"情有独钟"。

20世纪90年代，我的家人便与江门有了交集，我们响应政府号召，到中国内地办厂，"缘定"江门。

十几年前，我在美国一家销售公司工作，机缘巧合回到江门工作，经过一段时间的"水土不服"，我渐渐与身边的朋友打成一片，对侨乡有了好感，也在这片土地上有了新事业，运营江门市创意设计中心和珠西3D打印中心，努力地做设计，希望能唤起广大侨乡企业的品牌意识。

后来，我努力为江门的各项事业集智聚力、建言献策，还有幸成为新会区政协常委，被授予"江门市荣誉市民"称号，加入江门市侨商总会及江门市侨商总会青年会，投身我热爱的社会事业。

从"永不落幕的世青会"到"侨都赋能"，再到促成江门、马来西亚小批量采购中心合作项目，我在文化交流合作和科技创新经贸合作中发挥所长，希望能够凝聚青年朋友的力量，以我的华侨身份为桥梁，助力江门打好"侨"牌。

2022年初，我接触到江海基层立法联系点，通过这个联系点了解江门如何努力将人民的知情权、参与权、表达权、监督权落实到人大工作的各个方面，也理解了党中央提出的全过程人民民主的精髓以及我国人民代表大会制度的优越性。

当我第一次走进江海基层立法联系点，发现周边不仅有江门"侨梦苑"展厅、江海政务服务中心、华侨华人创业创新基地，还分布了不少高新技术企业，营商环境十分优越。

作为港澳人士和女企业家，我为江门有如此丰富的法务资源感到惊讶，对国家愿意倾听基层的声音、践行民主立法感到骄傲，而站在侨商总会的角度，我也希望把更多华人华侨、港澳同胞的声音传递到国家立法机关。

崔渌芹（第一排左二）在座谈会上发表立法意见

我们的意见被听见、被尊重、被传递

南方 4 月，生机盎然。从高新火炬大厦二楼的江海基层立法联系点活动中心望去，明媚的阳光洒在法治广场的巨大宪法书章上，熠熠生辉。此情此景，我至今记忆犹新。

2022 年 4 月 11 日，江海基层立法联系点与江门市侨联建立合作关系，江门市侨商总会也被确立为广东省人大常委会立法联系单位和江海区人大常委会立法联系单位，定期邀请海外侨团组织参加基层立法联系活动。同时，向本地侨胞、港澳同胞发放调研问卷，了解侨胞的法治需求和政策需求。

成为立法联系单位后，每当有法律和地方性法规草案征求地方立法联系点的意见时，我们侨商总会踊跃参与，围绕这一问题了解会员企业、企业家的想法和意见，同时向企业宣传国家最新的法律条文、政策法规，确保侨胞的诉求在相关法律和地方性法规草案的制定、修改过程中得到及时表达。

从 2022 年起，侨商总会已参与《中华人民共和国妇女权益保障法（修订草案）》《中华人民共和国民事强制执行法（草案）》《中华人民共和国行政复议法（修订草案）》等 10 余部法律的意见征集。

这其中，印象最深刻的就是《中华人民共和国妇女权益保障法（修订草案）》意见征集，会前我们找了许多女企业家提意见，希望能通过她们的视角，收集女企业家这一群体的所思所盼、所忧所急，获得更加独特的意见。例如，关于第十六条"妇女享有与男子平等的选举权和被选举权"，有朋友对此提出，不仅要体现妇女的参与权，还要在后面加个比重，如妇女所占比例应作明确规定。

这次立法意见征集让妇女的维权在源头更加有力度，让我看到了我们的声音被听见、被尊重、被传递及被落实。事后，

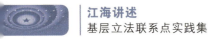

我在网络上看到新闻，妇女权益保障法迎来"大修"，修改 48 条、保留 12 条，删除 1 条，新增了 24 条，可见我们国家真的做到了全过程人民民主。

参与"提意见"之后，我还逐渐意识到，提出意见也并非易事，要在措辞上仔细推敲，诉求表达上反复斟酌，要有十足的理由和一定的专业性、客观性，同时还需要深入基层进行充分的调研，结合实际，倾听群众的意见，这样提出的建议才能真正反映民意，促进问题的解决，从而推动社会的发展和进步。

未来，我依旧会带动侨商总会的伙伴们积极参与每一次法律法规草案的意见征集，做好每一次调研，通过自己的行动向世界讲好中国民主故事，让世界听到中国的声音，让全过程人民民主之花开得更加灿烂。

给江海基层立法联系点添"侨味儿"

江门"侨梦苑" 沈小莹

江海基层立法联系点架起了基层群众与国家立法机关之间的"桥梁",让全过程人民民主扎根南粤大地,也让世界倾听到温暖而精彩的中国民主故事。

这其中,"侨"是重要的元素。江门因侨而立、因侨而兴,530 多万港澳台同胞和海外侨胞遍布全球,更有 3000 多家重

江门"侨梦苑"核心区内景

点侨资企业（含港澳）分布全市各处。以侨为媒，以"侨"为"桥"，江门侨乡声音被传播海内外，中国的全过程人民民主被全世界看到。

江门"侨梦苑"核心区则是串联起华侨与侨乡、华侨与江海基层立法联系点的一个重要纽带，政协港澳委员、侨眷委员和区侨联、香港澳门江门同乡会会员的意见建议得以倾诉，侨胞所需所盼得以关注，侨忧侨困得以纾解。

上一层楼听"侨意"

江海基层立法联系点办公场所的选址十分讲究——高新火炬大厦二楼，距离联系点仅一层之隔的就是华侨华人创业创新基地——侨梦苑。

更方便的是，高新火炬大厦旁就是江海政务服务中心，周边还分布了不少高新技术企业。江海区人大常委会主任余志坚这样考虑："把基层立法联系点设在这里，将侨梦苑纳入立法联系单位，上一层楼就能听侨意，既便于接触到侨胞，又利于及时收集高新企业意见建议；既便于听取各界群众意见诉求，也利于开展法治宣传教育。"

在这个"侨"味十足的区域里，江门"侨梦苑"核心区的创新创业平台优势得以发挥，融合"两中心，六平台"功能，构筑"众创空间—孵化器—加速器—总部园区"全链条孵化体系，新型科创企业已形成规模。

我们定期定点联系辖区 478 家侨资企业，打造了"保护侨企权益 服务高质量发展"的品牌，曾为江艺实业、科恒实业、中外运等 22 家侨资企业"送法上门"，以精准化法治服务获得侨商好评。

以此为基，江海基层立法联系点以"侨梦苑"为牵引，主动邀请海外侨团组织参加立法意见征集活动，向本地侨胞、港澳同胞发放调研问卷，了解侨胞的法治需求、政策需求。

"我们通过开展立法调研、座谈会、专题走访等形式广泛收集侨胞、港澳同胞的意见建议，畅通侨胞、港澳同胞参与国家立法的渠道。"余志坚介绍，这样的例子不胜枚举。例如，我们积极配合《江门市华侨华人文化交流合作促进条例（草案）》的意见征集工作，推动江门市华侨华人文化交流合作高质量平台建设。

此外，我们还构建了区、街道、村（社区）三级为侨服务平台，及时反映侨界立法声音。

区级层面，积极发挥"侨梦苑"作为江海基层立法联系点立法联系单位的作用，通过座谈会、政务办公平台、视频直播等传播方式，引导华侨华人和港澳同胞有序参与立法工作，充分反映侨界立法工作建议，更好地发挥联系点"直通车"作用。

街道级设"侨梦苑"服务专窗，实行为侨服务"首问责任制""一窗式"办理模式，"零距离"为侨界群众提供立法意见反馈、涉侨政策法规咨询等服务，并及时向上传达侨界立法意见，切实提高基层为侨服务水平。

各村（社区）增设华侨事务网格员，通过设置"侨团群"采集各类信息，宣传涉侨政策法规、听取立法社情民意，逐步实现为侨服务常态化、侨情信息掌握精准化、侨事侨难解决及时化。

推进华侨权益保护的地方性法规的立法工作，不断完善涉侨法律法规体系，是贯彻党的侨务政策的具体体现，也是加强为侨服务、凝聚侨心的重要抓手。未来，我们将持续发挥桥梁作用，依法维护广大华侨华人、港澳同胞的合法权益，营造爱侨护侨的良好氛围。

江门"侨梦苑"核心区外景

助侨为乐 维护侨胞权益

"江门与华侨华人的联系，使其不仅是经商的理想场所，而且还是政府发掘相关立法线索的宝库。"2021 年，广东道生科技股份有限公司总裁、江门市侨商总会副会长李本立在江海基层立法联系点接受中国国际电视台（CGTN）《今日世界》栏目专访如是说。

近年来，我们依托江海基层立法联系点，充分发挥区人大侨务代表专业小组、政协港澳委员、侨眷委员和区侨联、香港澳门江门同乡会的作用，着力增强基层立法联系点的"侨"味。

同时，我们还不断深入实施"侨都赋能"工程，以侨架"桥"，引侨资、聚侨力、汇侨智，在法律保护上不断"加料"，用服务和行动践行全过程人民民主重大理念。

首先是巩固"检察＋侨""审判＋侨"。我们强化检侨联络点的作用，主动走访辖区多家侨资企业，用心用情维护侨胞权益。

面对江海侨资企业的求助，我们总能快速解纷，维护侨企合法权益。2023 年初，某电机有限公司投诉，反映在其企业学院完成培训的任某上岗后，未按照合同完成三年工作服务期并失联一案，承办法官聚焦双方矛盾，在诉中释法明理，促进双方达成和解，被告将分期返还培训费，让企业吃下了定心丸。

其次是打造"司法＋侨"。我们成立了江门首家侨联法律顾问委员会服务站，在区公共法律服务中心设联络点，提供华侨华人离岸公共法律服务。对在国外工作、生活，不便回国参加诉讼的华侨华人，我们利用包括"广东移动微法院"、微信会议等智慧平台，开启"云"上身份认证、证据交换、调解、庭审新模式，解难题、暖侨心。

最重要的是，整合"人大＋侨"。作为江海区人大常委会的立法联系单位，我们充分调研、梳理海外侨胞的需求和关注点，细分侨胞的行业领域，有针对性地与相关领域侨胞，以座谈会、个别访谈等方式进行密切沟通，使意见征集做到有的放矢、高效高质。以联系点为桥梁纽带，向世界传播中国民主声音、讲述中国法治故事、介绍中国发展成就。截至目前，我们累计听取 153 位华侨华人、港澳同胞的建议意见。

在新时代新征程民主法治建设中，我们将积极配合基层立法联系点的工作，让更多华侨华人参与立法，把他们的所思所盼写进法律，共同推动基层立法联系点工作高质量发展。未来，我们期待见证更多侨乡民主立法的生动故事。

童言解读全过程人民民主

江海区人民法院　孟　宗

　　"你们看，64 部法律法规草案的意见征集中有 189 条被采纳呢，我奶奶上个月才参加了村口大榕树公园的民意征集活动，普通人是真的可以参与立法的。"在江海区基层立法联系点宣传展示板前，江门市文昌中英文学校学生小媚正与同学们讨论着触手可及的基层立法。

　　2023 年 7 月 6 日，江海区人民法院联合江海基层立法联系

江门市文昌中英文学校学生参观法治广场

点、江门高新区知识产权运营公共服务中心、江门市文昌中英文学校及其东南分教点，以"立法、执法、司法、守法"为切入点，举办"法治护航，伴我成长"法治实践研学活动，组织50多名师生走进法务集聚区，聆听了江海区实践全过程人民民主的动人故事，学习了国家立法程序、未成年人保护法、民法典等知识，系统地了解知识产权的发展历史和专利在生活中的实际运用。

别开生面的法治课堂
让法治种子植根青少年心中

"大家知道法律是怎么制定的吗？""和未成年人相关的法律有哪些？""高空抛物是违法行为吗？"

在江海基层立法联系点活动中心，当时挂任江海区委副书记、区人大常委会党组副书记李敏给学生们上了一节生动的别开生面的法治课。他从"法是什么"到"如何立法"以及"如何参与立法"，进行递进式教学，运用通俗的语言、简单的提问向学生们普及立法程序、基层立法联系点职能以及未成年人保护法等知识，让他们明白了立法不是一家之言，需要汇聚民意、吸纳民智。

"如果我有机会参与立法，我希望将六一儿童节定为全民法定假日，这样我和爸爸妈妈就可以一起出去玩啦！"

"如果我也有机会参与立法，我希望春节的假期能长一点，这样我回到老家就能多陪陪姥姥啦！"

"我以为只有那些知识渊博的法律研究人员才有资格立法，想不到普通人也可以参与立法或者对法律草案提出修改意见。"

"我希望……"

学生们兴致高昂，纷纷踊跃举手回答问题，课堂气氛活跃。

开展本次普法活动，既是青少年树立法治信仰、培养法治观念的有力举措，更是基层立法联系点活动中心、人大代表联络中心和法治广场宣教功能的充分展示。

近年来，江海基层立法联系点不断努力，广泛开展泽润人心的法治宣传、法律宣讲活动，不断打造成为全区全市法治文化建设的重要阵地，让法治意识如春风化雨般浸润群众心中，助力建设尊法、守法、崇法、尚法的法治社会。

近年来，我们和基层立法联系点的联系更加密切，不仅为立法献出"金点子"，还注重"走出去""请进来"普法，不定期组织举办立法、普法、释法知识讲座，邀请市、区人大专家学者和社区法律顾问授课，越来越多的居民群众开始主动参与立法活动。同时，借助基层立法联系点，民意、民情、信息在此交汇，一批群众"急难愁盼"问题得以推进并解决，使法律法规内容更加科学、合理，也让立法过程成为普法过程。

模拟法庭　亲身感受全过程人民民主

"我印象最深的就是模拟法庭里的法槌，以前看电视剧《包青天》的时候，包大人举起的那块木头叫'惊堂木'，相当于现在的法槌了。"

江门市文昌中英文学校学生参观知识产权审判法庭

"这位同学说得对，那你们知道它们有什么用吗？其实，在春秋战国时期就开始使用惊堂木，也就是法槌的'前世'了，惊堂木又叫'醒木''界方''抚尺'，是一块长方形的硬木，一拍下去，满堂响彻，不但严肃法堂规矩，还起到震慑作用，我们现代用的法槌既能有效管理庭审秩序，又是体现法官威严的庭审辅助工具，更是公正的象征。"

当天的活动还通过"模拟庭审"体验案件开庭、法庭调查、法庭辩论等审判流程，让师生们沉浸式上了一节"干货"满满的法治教育课。

青少年是国家的未来，是实现全过程人民民主的重要后备力量，加强青少年法治教育，灌输法治与民主理念，为全过程人民民主深入发展提供持久力量。

2020年7月，江海区人大常委会被确立为广东省首家全国人大常委会法工委基层立法联系点，成立后一直致力于精心谋划和不断完善立法意见征集工作流程，开拓创新调研、论证、民主议事、在线收集等征听渠道，搭建好江门480多万群众与最高国家立法机关之间的"直通车"，客观全面了解、最大限度收集，"原汁原味"地反映了来自江海基层的群众意见，以"社会治理一条街""社区议事会""榕树下座谈"等典型经验做法广纳基层民意，深入挖掘并结集出版发生在群众身边的民主故事，借助民主"根系"覆盖，着力解决群众"急难愁盼"问题，让法治建设成果源源不断地惠及人民群众。

几年来，我们联合江海基层立法联系点全面落实《青少年法治教育大纲》，坚持法治教育与道德教育相结合，课堂教育与课外教育相结合，法治实践经验与青少年身心特点相结合，广泛开展青少年法治宣传教育工作，引导青少年从小养成尊法、守法的习惯。

同时，我们先后探索创设打造多个省级青少年法治宣传教育基地，运用形式新颖的现代科技手段，从远离毒品、预防性侵、防范校园暴力等多角度，为不同年龄层级的青少年开展法治教育，提升青少年法律意识，积极推动法治宣传"进校园"，广泛开展国旗下讲宪法、法律晨读、宪法宣誓、主题班会、主题演讲、法律知识竞赛、法律网络学习等形式多样、师生广泛欢迎的系列普法宣传活动，形成了"宪法大课堂""法治护苗""关爱成长""学生普法官""江海检杯"青少年法治知识竞赛等普法宣传品牌，有效激发青少年学法兴趣，也让少年儿童在学法中不断体会全过程人民民主的生动实践，使全过程人民民主的种子在他们的心田里生根发芽、开花结果。

　　未来，我们将继续发挥江海基层立法联系点职能和桥梁作用，建立健全基层立法联系机制，不断拓宽人民群众有序参与立法的途径，让立法更多体现民情、民意、民智、民心，为助力科学立法、民主立法、依法立法贡献少年智慧。

"宪法在身边　走进江海"活动心得

江海区银泉小学　罗敏诚

12月4日第十个国家宪法日当天，我很荣幸作为10后的学生代表，走进了全国人大常委会法工委江海基层立法联系点里，参加与国家最高立法机关"云端"交流活动。

通过这次活动，不仅对宪法有更多的了解，同时也感受很深。首先，我知道了宪法是我国的根本大法，是之后一切法律的根本，并且宪法还具有最高的法律效力。其次，我还学习到了，法律面前人人平等，不能因为有些家庭重男轻女，就不让孩子上学，也不能因为你是未成年人有法律保护，就知法犯法，这些都是违法的。还有就是我们每个人都要学习宪法，增强宪法意识和法律观念。因为宪法是我们群众的保护伞，我们只有学习宪法，才能用宪法更好地保护自己。

最后，我们作为小学生更要从小做起，懂得维护宪法的重要地位，积极宣扬宪法知识，结合我们自身更好地学习理论文化知识，严格按照宪法规定的要求办事，努力做一个知法懂法的好少年。

江海区银泉小学五（二）班罗敏诚同学参加宪法日活动心得手稿

江海基层立法联系点开展普法进校园活动

第 三 章
来自人民　不负重托

发挥人大代表作用的重要平台

开篇语

　　人大代表来自人民、植根人民、服务人民。江海基层立法联系点深度融入区人大工作整体格局，聚力加强阵地建设，创新推进功能拓展，探索完善制度机制，紧扣自身定位形成"五个紧密结合"等经验做法，实现了立法意见征集、代表履职服务和法治宣传教育等功能的深度耦合，展现了建设侨都法治文化的担当作为。

江海人大代表联络中心建成记

江海区人大常委会　林壮强

位于江海区金瓯路 288 号的法治广场，坐落着一座巨大的单体雕塑"法治书章"。当清晨的第一缕曙光翻开这部美轮美奂的汉白玉宪法，国徽庄严肃穆，誓词坚定铿锵，背后的民法典解读跃然墙上，周围普法柱阵五彩斑斓。

江海区法治广场

在"法治书章"的右侧，是江海区人大代表联络中心、江海基层立法联系点活动中心。江海区人大代表联络中心占地300多平方米，坐落在高新火炬大厦一楼，周边聚集着600多家高新技术企业及万达商圈、住宅小区。2023年3月"开门迎客"以来，这里已举办了近90场活动，逐渐成为代表联系群众的重要窗口。

2018年，江海区已经在全市率先实现每10名人大代表就有一间联络站的目标。在此基础上，江海区人大常委会深入贯彻落实习近平总书记关于全过程人民民主的重要论述，推进全区建成1个区级人大代表联络中心，3个街道人大代表中心联络站，14个村（居）、行业协会、企业代表联络站，形成"1+3+14"代表联络站立体网络体系，把人大工作的触角延伸到了江海的每一个角落，让全过程人民民主实践于基层的"烟火气"里。

江海区人大代表联络中心内景

"站"在群众身边　代表履职零距离

2023年6月，27位来自香港特别行政区的全国人大代表走进江海区人大代表联络中心参观学习，震撼、惊讶、欣慰是他们参观之后的直观感受。

香港第七届立法会议员霍启刚更是在网络平台发文称赞道，"该处面积不大，但意义非凡——它是地方落实全过程人民民主的重要落地点"。

江海区人大代表联络中心内配有展示区、书吧、小讲堂、培训室、会议室等功能场所，墙上一块块精致简约的制度牌、活动计划、代表风采展板格外显眼。

人大代表联络中心是一个载体，它的功能需要通过代表活动来体现。从选址到方案设计，从施工建设再到投入使用，我见证和参与了联络中心逐步走向规范化的发展过程。

借助人大代表联络中心，区人大常委会在畅通社情民意反映渠道上开辟绿色通道，实行"日常＋固定"的接待模式，将每月15日定为全国、省、市、区四级人大代表进站接待日，实行代表排班轮值，开展履职活动，接访走访选民群众、收集群众意见。

与此同时，区人大常委会还在强化代表活动开展上下功夫，聚焦区委中心工作，围绕人民群众的所想、所思、所盼，结合代表主题活动月和常委会监督工作计划，精心设计开展有主题、有特色、有成效的各类代表活动。

在 2023 年代表主题活动月期间，江海区人大代表联络中心共开展活动 7 次，代表进站活动 81 人，收集群众意见建议 36 条，其中已解决的 5 条，形成了闭会期间有针对性、高质量的代表建议 12 件。

群众进"站"旁听　监督评议解民忧

2023 年 8 月 28 日，来自三个街道的群众代表首次走进江海区人大代表联络中心，获邀旁听区人大常委会对区农业农村和水利局的工作评议会。

"这是我第一次参加人大的会议，以前只是在电视上看到过，感觉很神圣。"群众代表陈华锦说，政府部门的建议办理得快不快、好不好由代表来评分，公开透明，公平公正。

监督权是宪法和法律赋予人大的重要职权。联络中心在开展各种调研、视察、执法检查，以及评议、询问、约见等监督活动中发挥着重要的作用。

为全面推进全过程人民民主，江海区人大常委会研究出台《公民旁听江海区人大常委会会议暂行办法》，创新全民参与的"全链条"监督工作体系，主动敞开大门，邀请基层的群众参与旁听工作评议会，发表意见，实现了人大代表、市民群众与人大监督活动的"零距离"。

在联络中心，江海区人大常委会通过开展立法征集意见、决定重大事项、民主监督等方式对"一府一委两院"进行监督，促使相关部门推进民生事项的落实。

每当夜幕降临，在东海路，一座蝴蝶飞舞形状的人行天桥亮起了灯光，人们可以安全、高效通行。东海路人行天桥增设的背后，是人大代表"为民履职"的真实写照。

面对东海路人流车流带来的交通安全隐患，在江海区十一届人大二次会议期间，区人大代表陈俭能提出《关于在东海路增设人行天桥的建议》被作为年度重点建议予以督办，打开了"畅通群众安全之路"突破口。

从选址、勘探、设计、方案落实到施工建设，区人大常委会全程跟踪督办，并于 2023 年 5 月开展 2022 年代表重点建议督办"回头看"活动，督促政府各承办部门将代表建议办理工作落到实处，最终推动东海路人行天桥的开通，为群众架起了出行的"安心桥"。

站点深度融合 立法"联"接地气

从江海区人大代表联络中心内，拾级而上，便来到二楼江海基层立法联系点活动中心，两者耦合发展，成为人大代表和人民群众传递江海声音的窗口。

如今，这里不仅是全国人大常委会法工委江海基层立法联系点与区人大常委会开展立法意见征集和各项监督工作的重要平台，也是区人大探索立法与人大监督、代表活动相互融合发展的一项工作创新。

依托江海区人大代表联络中心，区人大常委会通过全市首创的"动态征集、层级分流、流程再造"的建议征集处理机制，打破了人大代表以往只在人大会议期间提交建议的做法，不仅拓宽了代表建议征集的宽度和深度，也实现了征集意见的快速办理，打通了为群众服务的"最后一公里"。

目前，全区 208 名国家、省、市、区四级代表进站活动，59 个立法联系单位、121 名立法联系咨询专家、61 名立法联络员和 350 名信息员都加入人大代表联络中心的工作队伍。

2023 年以来，通过动态征集建议机制，江海区人大常委会共收集代表群众意见建议 262 条，其中在街道一级办理的 245 条，上报区级解决的 17 条。

人大工作评议会来了"旁听生"

江海区人大常委会　曾梓欣

开展部门工作评议是人大及其常委会加强对政府部门监督的重要方式，也是人民代表大会制度优越性的体现。

2022年10月27日，在江海基层立法联系点活动中心，江海区人大常委会首度对区人力资源和社会保障局近三年的工作情况进行评议，并首次邀请公民旁听，让群众了解人大履职方式，感受"中国式民主"魅力。当时，我们从外海街道、礼乐街道、江南街道邀请了三位有相关专业、工作、生活背景的群众，他们分别是李俊超、李晓霞、黄伟昕。

"现在想起来，还是觉得非常荣幸，当我接到通知的时候，我还以为是普通的会议，没想到是成为第一批现场旁听区人大常委会会议的公民。这一次，我目睹区人大常委会的履职过程，'零距离'感受全过程人民民主，对人民代表大会制度有了更真切的体会。"在后来接受媒体采访时，江南街道群众代表黄伟昕心情依然激动。

黄伟昕是江南街道正南社区第六网格专职网格员，平时

负责社区日常工作，联系群众最紧、了解群众最深、服务群众最真。当我们向他打电话发起邀请的时候，他正在社区网格内巡逻。

我们告诉他，区人大常委会邀请公民旁听会议，就是要面向基层，把一线工作者请上来，让地方国家机关同人民群众的联系更加密切。他也坦言，以前只是通过报纸、电视或网络了解人大常委会工作，从不敢想能够受邀旁听，自己很高兴也很期待。

同样，令礼乐街道李晓霞没想到旁听也有相同待遇。步入江海基层立法联系点活动中心会议室，她发现会场设置了旁听席，并且每个座位上都摆放一个文件袋，里面装好了本次会议所需的全部文件资料，议程、报告、议案等，一应俱全。

她说："刚开始我以为就是简单的旁听，走个形式，没想到工作人员还专门给我们讲解会议流程、注意事项、纪律要求，为我们准备了材料，而且和常委会委员的一模一样，一场旁听下来，切实感到自己置身其中，对国家权力运行有了更好的了解。"

为了让群众看到最重视的评议过程，我们严格落实议事规则，坚决杜绝形式主义，用心对待每一位旁听群众，让人民主体地位更加凸显，全过程人民民主理念更深入人心。

旁听，听的就是和群众息息相关的事。这次会议的重头戏，就是通报年度监督工作计划和工作要点。

当天上午9时，会议准时开始，区人社局主要负责人亮出工作成效、剖析短板问题、列出下一步举措。区人大评议工作组负责人报告了评议调查情况，肯定了区人社局的工作成绩，并指出不足与薄弱环节，有针对性地提出了意见建议。

"请问博士工作站具体工作的开展情况？""请问在建立'人才智库'这项工作上的具体措施是什么？""请问如何解决老人养老金年审问题？"……评议现场"辣问"连连，区人大代表聚焦问题、突出重点，"敢于动真碰硬"。区人社局的主要负责人一一进行了全面细致的回应。随后，区人大常委会组成人员对区人社局的履职情况进行了满意度测评，满意度为100%。

在两个多小时的时间里，外海街道群众代表李俊超神情专注地听取各项报告，不时用笔记下来关切的问题。回到单位后，他兴奋地告诉同事们，江海区高度关注人才引进和发展，近年来也出台了许多政策吸引人才返乡工作，希望大家可以坚定在江海发展的信心，并希望更多人可以到江海创业就业。

邀请人大代表列席、市民群众旁听区人大常委会相关工作会议，不断扩大人民群众有序政治参与，这在全市尚属首次。这背后是江海区人大常委会在探索人大民主开放工作上的巨大努力，是发展全过程人民民主的具体实践，也是发展社会主义民主政治、保障人民当家作主的重要举措。

过去一年里的"首次"还有很多，如首次借助江海区人大代表联络中心平台，积极开展约见行政机关负责人、对相关职能部门工作评议、满意度测评、代表建议办理等工作。相关活动除人大代表参加外，还邀请市民群众参与旁听，发表意见，实现了人大代表、市民群众与人大监督活动的"零距离"，也是区人大常委会推进全过程人民民主的工作创新之一。

作为全省首家"国字号"基层立法联系点，江海区人大常委会始终把"人民至上"的价值理念贯穿人大监督工作全过程，创新全民参与的"全链条"监督工作体系，坚持监督议题向人民征集、监督过程邀请人民参与、监督结果向人民公开，线上线下开展监督议题征集，接受代表和市民的监督和评判，不断提升人大工作的"质感"和"温度"。

江海区人大常委会召开政府部门工作评议会

在代表建议里"挖出"安全畅通之路

江海区人大代表　陈俭能

"有了这个天桥，就再也不用担心小孩子放学要穿过车来车往的马路了。""现在人车分流，大大减缓了下班高峰的交通压力。"群众口中的天桥，正是位于东海路新增设的人行天桥，于 2023 年 9 月正式开通。

这座天桥，当初是我们几位代表根据群众建议提出来建设的，看着它慢慢从无到有，再到现在成为江海城市一道美丽的风景线，我倍感欣慰。

增设天桥的背后，是人大代表"为民履职"的真实写照，也是江海区人大常委会"为民解忧"的重要体现，更是人民代表大会制度优越性的充分体现，显示出其强大的生命力。

"一挖"："挖"出突破口

东海路是江海区南北走向的一条重要主干道，联通江海各商业区、住宅区、文化教育区。随着城市化进程加快，东海路

周边新建小区入住率不断提高。

五邑路正式通车后，汇入东海路的人流车流不断加大。但此前该路段仅靠中环广场路口红绿灯和两处人行横道分流，每遇上下班高峰期，天鹅湾小学路口段人车争流，险象环生。人流车流带来的交通安全隐患，成为不可忽视的问题。

在交通复杂的路段增设人行天桥，让市民安心过马路，是十分有必要的。于是，我们提出《关于在东海路增设人行天桥的建议》，保障人民群众的路口安全。

我们的建议经由区人大常委会分类、审核、把关，形成建议清单按流程提交上报，后经区府办转办，由区住房和城乡建设局、区交警大队、区城市管理综合执法局等单位联合办理。

为更好地推动项目落实，区人大常委会将其确定为2022年重点督办建议，由区人大财经城建环保工委进行重点跟踪督办。

"二挖"："挖"出落实地

收到建议后，作为该建议的主办和会办单位，区住房和城乡建设局、区交警大队与区城市管理综合执法局相关负责人随即与代表们召开建议办理工作座谈会，联合进行实地调研并组织可行性论证会议，研究解决交通安全隐患问题的可行办法。

陈俭能（左四）和相关单位负责人讨论代表建议办理情况

　　经过前期的选址、勘探及设计，相关单位与我们几位代表进行了充分的论证沟通，最终决定启动建设东海路人行天桥，切实缓解此处交通拥堵问题。方案通过后，工程于 2022 年 4 月初正式动工，力求打造一个集功能性、景观性和趣味性于一体的城市标志桥梁，在最短时间内解决群众的"烦心事"。

　　其间，我们几位代表每月掌握项目建设进度，与承办单位开展座谈，并适时开展现场督导活动，点对点督促指导，有效推动了项目按计划推进。

　　人大代表传递人民呼声，区政府严格落实办理责任，主办、协办部门狠抓项目落实，区人大重点跟踪督办，真正做到"代表的建议听得见，解决的成效看得见"。

　　2022 年 12 月，《关于在东海路增设人行天桥的建议》被江门市人大常委会评选为 2022 年市、县、镇三级人大代表建议办理工作优秀案例，并得到通报表扬。

"三挖"："挖"出安全路

在人行天桥的建设过程中，我们"持续跟踪"。2023 年 5 月 25 日上午，我们在江海基层立法联系点开展 2022 年江海区人大代表重点建议督办"回头看"活动，及时总结重点建议办理成效，督促政府各承办部门将代表建议办理工作落到实处。

"天桥建成后，沿路的红绿灯、交通标线是否要相应作出调整？""天桥两侧摆放的花是否足够安全，会不会因台风天气砸落马路？""附近学校和小区居民的步行路线是否有落实宣传和指引？"……座谈会上，大家踊跃提问，就该项目办理的后续工作提出了很多可行性、有针对性的意见和建议，各相关部门也作出解释和回应，力促"回头看"成效不断提高。

东海路人行天桥的建设项目，从群众反映，到代表建议，到重点督办，再到回头跟踪，最终变成了实实在在的利民惠民项目。

如今，路过东海路人行天桥，看着灯光闪烁的双蝶造型，行人过往途中还不忘拍照打卡，我觉得十分欣慰。

作为人大代表，我们要为老百姓讲话，把他们的意见反映出来，把代表的作用发挥出来。

我从基层来　敢为人民代言

江海区人大代表　马锦德

每当旭日东升，侨乡大地被涂上金色的时刻，五邑路扩建工程上，川流不息的车辆，横跨江海三个街道，途经江海区政府、江门东站、江海广场等地标建筑，迎着一轮朝阳通往外海大桥，直达中山市古镇镇。

这一幕秩序井然的交通图景背后，承载着人民群众对美好生活的向往。这些年，我亲眼见证了这座新城的崛起，亲历和见证了江海基层立法联系点的成长，深刻感受到人民代表大会制度的显著优势。

2021年，我第三次当选江海区人大代表，自2011年起，我先后担任了三届（第九、十、十一届）江海区人大代表，2023年，正好是我新一届履职的第三个年头。

在履职期间，我多次参加区人大常委会在江海基层立法联系点举办的培训会、座谈会和专家研讨会，到企业、村（社区）走访调研，收集社情民意，提出了一些建议，不少已经得到落实。

马锦德（左一）到礼乐一路现场调研

"把脉开方" 助力五邑路交通秩序大提升

犹记得十几年前的江海，大城将起，一眼望去还多是农田鱼塘和简陋厂房。如今，在岁月的雕刻之下，江海早已旧貌换新颜，一条条道路从无到有，构建起"十纵十横""水陆空铁"交通大联运网络。

五邑路扩建工程是连接江门与中山的重要枢纽，是江海区最主要的一条交通要道，是支撑这座城市社会经济发展的一条"主动脉"。该工程自东向西，由外海大桥延伸至江门大道龙湾立交，全长约 11 公里，于 2022 年 1 月中旬实现了全线通车。

从建设到通车的两年多，这条路一直牵动着我和其他人大代表的心。

此前，由于该道路建设时间较长，严重影响居民出行的问题，我通过江海区人大常委会将意见提交市十五届人大六次会议，并向有关职能部门反映，希望妥善解决施工影响并早日建成通车。

我的建议也得到了各方的高度重视，市住建局、市交通局、区住建局等各单位各司其职，实施饱和施工，加快工程进度。

2022年1月五邑路扩建工程通车后，由于没有明确标识和规定，摩托车、低速车直接开上五邑路，形成汽摩混行的状况，加上五邑路主线车流量大且车速快，存在巨大的安全隐患。

2022年10月26日，我再次向礼乐街道人大办提交了《关于尽快制约摩托车三轮机动车通行五邑路的建议》，人大办按闭会期间代表建议办理流程进行了交办。在此期间，我一直跟进这件事。

江海交警大队接办后，高度重视，迅速开展调查研究，结合实际，作出了对五邑路主道限行相关车辆的措施。同时，还加派了警力对驶入五邑路主道的摩托车进行教育和劝离。

2022年12月12日，江海区交警大队向我发来了"江海街坊注意！江门交警：即日起，五邑路主道禁止这类车辆及行人通行"的通知。看到这则消息，我心中的大石头也落下来了。

江海交警大队对地方人大代表建议十分重视，解决民生难题及时有效，这种真抓实干行为值得我们好好学习，也提升了我们积极为民发声、建言献策的信心。

如今，五邑路沿线的交通配套设施日益完善，城区路网管理趋向科学智能，车辆通行的安全系数直线提升，市民的获得感、幸福感显著增强。每天，开车经过五邑路的时候，看到秩序井然、高效快捷的交通状况，我感到非常欣慰。

扎实调研才能精准建言

在 2023 年的"代表主题活动月"中，我有幸参加区人大常委会在江海基层立法联系点举办的人大代表履职能力提升专题培训讲座，让我在履职过程中有了新的工作思路。

2022 年，我围绕民生痛点难点提出了 13 条建议。每次写建议前，我都会进行大量的调研、走访，在调研过程中，我总能在和群众的闲聊中发现问题。

2023 年，我在江海区第十一届人民代表大会第二次会议上提交了《关于确保并加快会港大道建设的建议》，希望有关部门加快工程进度，完善有关的道路标线标识路牌和路灯，同时增设非机动车道，最大限度保障下田耕作村民和过往群众的人身安全。

该工程于 2016 年 12 月 21 日动工以来，由于多方因素，至今未能实现全线通车，沿线的交通配套设施还不完善，对附近企业和村民的生产生活造成了巨大的影响。

为避免重蹈五邑路扩建工程漫长工期的覆辙，我建议政府职能部门加强与施工单位沟通，设计设置力求科学，按制定的时间进度推进，并做好日常的疏导管理，确保工程按时按质完成，确保惠民工程不成为扰民工程。

这一年，我几乎每两个星期就到现场查看，并深入沿线企业和附近英南村、跨龙村等多个村（居）走访调研，倾听村民的诉求，收集村民的意见，并积极向有关部门反映情况。目前，相关部门正在优化研究方案，加快施工进度，争取早日完善沿线交通配套设施，建成惠民之路。

如今，江海基层立法联系点作为践行全过程人民民主的"直通车"，也成为人大代表履职的"主阵地"，群众敢说，代表敢言，部门真落实，形成了良好的民主生态。这些年，我在履职过程中，深切地体会到，人大代表的权力来自人民，又用之于民的光荣和神圣；体会到全过程人民民主绝对不是一句口号，而是符合我们中国国情的社会主义民主。

未来，我将依托江海基层立法联系点，继续围绕人民群众关切的问题建言献策，发挥代表作用，督促各项民生工程持续推进和完善，当好人民的"贴心人"，做问题的"终结者"，把群众的事办好、办实、办到位。

5

解决城市"堵点" 做好群众代言人

江门市人大代表 周建华

当选人大代表是人民群众对我的信任和托付，做好群众代言人，是我坚守的初心！

我是江门市十五届、十六届人大代表周建华，也是江门国家高新区光电行业协会会长、广东聚科照明股份有限公司董事长。多重身份的叠加，既让我感到光荣，又使我意识到自己肩上的责任重大。

在履职期间，我围绕"停车难"问题、环保问题，积极收集和整理群众提出的意见建议，及时转交给相关部门进行研究办理，并抓好跟踪督办；同时，对其中涉及立法、执法、普法等情况的意见则另行归纳并形成建议，通过江海基层立法联系点向上级人大反映，把全过程人民民主落到实处。

看好江海的法治环境

江海区，面积不足 110 平方千米，却汇集了 5700 多家工业企业，拥有 5 家国家级孵化载体、76 家省级工程技术研究中心、672 家国家高新技术企业。近年来，江门高新区争先进位，位列全国国家级高新区第 53 位。

作为一位企业界的人大代表，我深知中小微企业和产业科技创新对于江海区经济发展的重要性。履职期间，我结合自身的工作经验与地方发展实际，通过江海基层立法联系点，将自己在实践中积累的经验、想法与收集了解的意见整理成册，参与立法意见征集。

其间，我参与了《中华人民共和国科学技术进步法（修订草案）》《中华人民共和国民事强制执行法（草案）》《中华人民共和国公司法（修订草案二次审议稿）》等法律草案的意见征集。

法治是激活中小企业创新研发动力的助推器。帮助中小

周建华（左五）参加聚科照明股份有限公司组织召开的
民事强制执行法（草案）征求意见座谈会

企业走出技术创新发展的瓶颈、提升技术创新实效，需要以立法与执法为抓手，为中小企业技术创新研发提供更优的立法支撑，营造良好的执法环境。

在这方面，我认为，江海区具备了这样的条件。在江海法治广场一公里半径内，聚集了全国人大常委会法工委江海基层立法联系点、深圳国际仲裁院江门中心、广州知识产权法院江门巡回审判法庭、江门高新区（江海区）公共法律服务中心、江门高新区知识产权运营公共服务中心、江海区行政服务中心等一批法律服务保障资源，形成了一个集立法意见征集、普法宣传、商事仲裁、司法保护、维权援助、行政服务等要素于一体的全链条、专业化法律服务生态圈。

通过亲身参与立法，我也对企业发展的法治营商环境更加有信心，也坚定了企业聚焦科技创新走高质量发展之路的决心。

在日常工作中，我积极走访企业，接访企业员工，随时随地收集社情民意已成为我日常工作和生活中的习惯。2017年至今，我通过接访共收集意见和建议数十条，对企业和员工提出的有关问题，能够答复的当场答复，对未能直接答复的转到街道或区有关部门，并跟踪落实。

倾听民声，解决停车难题

2022年，区人大常委会创新履职平台载体，在江海基层立法联系点举办人大代表集中约见区委主要领导活动，围绕民生问题倾听人大代表的声音，进一步提升代表联系人民群众的广度、深度和便捷度，让代表们的履职身影遍布江海各个角落。

2023年，我在江海区人大常委会召开的"区委书记·人大代表专题座谈会"中，针对人民群众普遍关心的"停车难"问题提出相关建议，希望相关部门（单位）深入查找问题根源，并以更加积极的行动、更加有力的举措切实解决存在问题。

作为江门市人大代表、江海区内企业家，围绕这个问题，我也做足了"功课"。

我了解到，随着社会经济的高速发展，家庭汽车普及率逐年快速攀升。根据《2022年江门市国民经济和社会发展统计公报》的数据，全市民用汽车保有量为112.02万辆，同比增长7.0%。其中，私人汽车102.19万辆，同比增长7.2%；新能源汽车保有量3.82万辆，同比增长118.7%。市民汽车拥有量的大幅度增长与停放汽车的公共资源十分紧缺的矛盾越来越明显，停车难已成为一个急需解决的热点难点问题。

同时，我也多次走访该地区的各条街道，深入一线了解"停车难"这一问题的根源，还梳理了近三年来各级人大代表提出的建议，发现提及停车难的区域比较广泛，涉及居民小区、老城区大街小巷、农贸市场、高新区厂区路段、休闲娱乐场所、部分人口密集的村（居）等。

了解该情况后，我便立刻行动起来。我与其他人大代表先

后走访调研了礼睦路、礼昌街、文昌路等十几条道路，还多次深入村（社区）、企业进行走访调研，与居民、职工面对面交流，了解他们的实际需求和困难。

在走访调研中，我发现，江门高新区（江海区）有一个非常突出的特点：作为国家高新区、工业区，这里的职工基数非常大，加之江门高新区（江海区）道路网是以城乡接合、农村为主的，从而在这里形成了上下班高峰期拥堵的常态。

造成拥堵的其中一个原因则是道路两边车辆乱停乱放。同时，拥堵区域周边主要为工业集聚区，高峰期人群主要为务工人员、中低收入人群，其主要出行交通工具为摩托车、电动摩托车等，江门没有限制使用该类机动车，从而引发的交通事故也不少。

2022 年，江门平均每天发生 7.49 宗涉及机动车的交通事故，有超过一半的机动车交通事故发生在机动车道被占用（改用停车位）的路段。

此时，我也意识到解决停车难的问题至关重要。由于"停车难"，出现了不少乱停乱放的现象，导致交通事故频发、城市形象受损、安全隐患增加、群众出行困难、城市管理困难等问题。

我深知解决这个问题需要政府的大力支持，于是我毫不犹豫地向江海区政府提出了解决停车难的建议。在与政府部门的沟通中，我反复强调这个问题的紧迫性和重要性，并提出了具体的解决方案和实施计划。

停车难是各个城市的民生问题，不应采取治标不治本的解决方式，如最普遍的方式是占用非机动车道施划停车道。从长远规划，应考虑建设公共停车场、利用闲置地建设立体停车位等。

一方面，针对新开发商住区、交通系统设施、公共设施建筑等，政府应从"规划、建设、管理"多方面结合，扩大停车位供给，出台有关配套公共停车的政策，制定民间投资停车场所的政策；另一方面，针对老旧小区、旧城改造规划建设停车场，利用边角地带、绿化带、小公园边缘地带，挖掘潜力划出地方增加停车位，将闲置地或危楼改建为立体停车位等。

同时，政府方面要加大对违规停车的执法力度，增加巡逻

周建华（左一）参加"停车难"人大代表调研座谈会

执法频次，对长期占用公共停车位和不按规定停放等违规行为的车辆或个人，相关职能部门应及时对其进行清理或者处罚。加强对公共停车位特别是人员密集区停车位的规范管理，设置汽车、摩托车、非机动车分类停放区域，专位专放、顺向停车，提升使用效能。并且加装汽车智慧停车引导系统，分时段和路段进行停车收费，缓解停车难、随意占道等问题。

建议提出后，区人大常委会对"停车难"问题的关注从未间断，通过深入走访调研，多方合力推动问题解决。接下来，我希望相关部门加大关注和执法力度，切实缓解"停车难"问题，真正贯彻落实"城市是人民的城市，人民城市为人民"，让城市治理的"责任清单"转化为人民群众的"幸福清单"。

6

聚焦青年"双创" 打造出
新一代产业共融生态圈

江海区人大代表　区倩婷

江海基层立法联系点和粤湾云谷智慧产业园仅一路之隔，两家同属于"国字号"。

2023年，我所运营的粤湾云谷智慧产业园升级为"国家级"科技企业孵化器，并成为江门"侨梦苑"港澳台侨创新创业基地，也在香港正式成立了江门"侨梦苑"双创孵化基地（粤湾云谷）香港联络站。同年，我当选为江海区人大代表，可以近距离到江海基层立法联系点参与代表履职活动和基层立法活动，凝聚更多青年力量，为这座城市发展增添青春活力。

在江门侨乡，江海区的营商环境非常好，是成就人生事业的新沃土。虽然我是中山人，但我早已把自己当成"新江门人"，希望将更积极的创业理念带给江门的企业，共同发展，打造出新一代的产业共融生态圈。

区倩婷（左三）在粤湾云谷智慧产业园与港澳台青年展开交流

　　2015 年，我的父辈创立了江门市东信实业投资有限公司，致力于围绕智能制造领域，以引进产业和培育产业相结合，集聚国内外高等院校、研究机构、顶尖人才、学会协会等产业创新资源，搭建产学研合作平台，为企业和产业发展提供创新资源支持。2019 年，我参与公司管理和双创行业的发展，面对各种挑战，在逆境中磨炼成长。

　　与我同成长的还有江海基层立法联系点，自 2020 年 7 月升级为"国字号"后，我看到，这里每天都人来人往，有走访调研的，开展党建活动的，还有立法信息采集的。无论是地方立法，还是国家大法，只要愿意，群众都可以全过程参与。

　　2023 年，我也多了一重身份——江海区人大代表，我认为，这是最接地气也最能为群众办实事的一个角色。2023 年，我提交了《关于加快科技企业孵化器企业服务提质增效的建议》，建议政府部门出台相关政策，增强江门双创企业、民营企业的凝聚力，从而实现抱团发展。同时，建议以粤港澳大湾区为核心，实行多地联动，发挥侨乡资源优势，开设更多新赛道，通过举办赛事等途径，吸引更多人才项目落户江门。

我的建议一提出，得到了江海区人社局、科技局、"侨梦苑"等部门的关注和支持，先后出台了《关于支持江海区"5+2"重点产业、重点项目引育紧缺适用人才的意见》《关于进一步保障企业用工若干措施》《江门高新区（江海区）推动科技创新办法》《加快集聚博士和博士后创新创业实施办法》《江门"侨梦苑"核心区高质量发展若干政策措施》等一系列政策。据相关报道，2020—2022年，江海区高新技术企业从407家增长至672家，高新企业的存量和增量均位居全市榜首，这些都是非常值得振奋的成绩。

闭会期间，我从创业者的角度，积极参加江海区人大常委会组织的各种视察调研、执法检查等活动，经常深入村（社区），联系走访企业，广泛调研、倾听民声，为撰写提交建议做准备，始终以强烈的责任感履职尽责。

同时，作为孵化企业的运营者，我也聚焦于科技产业孵化，通过加速推进园区独特"八大服务体系"建设（包括YOUNG GUYS共构、创业投资、创导培训、人才站、上市直通车、产业基金、产业并购、融媒体），全面赋能企业有序创新发展，以产业孵化激活供应链，实现资产价值的最大化，目前已成功孵化服务了超过300家企业，实现了社会效益和经济效益"双丰收"。

区倩婷（左一）向来访企业介绍粤湾云谷智慧产业园

2023 年 7 月，在江海区政府的牵线搭桥下，粤湾云谷与江海智慧安全应急联合实验室签订战略合作备忘录，旨在激发园区孵化企业创新活力，降低企业研发成本。同时，让粤湾云谷承接高校科技成果和核心技术的孵化、转化运用，导入世界一流的科技与人才资源进行补链、强链，构建更高端的全链条孵化体系，进一步提升粤湾云谷的"含金量"，为孵化企业高质量发展注入强劲动力。

与此同时，粤湾云谷企业孵化器晋升国家级科技企业孵化器，成为全市 7 家国家级孵化载体之一。这一令人振奋的消息，既是上级对粤湾云谷孵化服务能力的认可，也是对江门市孵化育成体系工作的肯定，激励江门市持续优化科技创新环境，强化科技创新平台建设。

江门，是一座开放、创新、包容的年轻城市。

因此，当我作为一个外地人，能够当选为江海区人大代表，能够通过江海基层立法联系点发出青年的声音，我感受到江门这座城市对人才的渴求，给人很强的归属感，对创业者点点滴滴的支持，就像雪中送炭。

2023 年，我围绕江海区创投产业和科技孵化器高质量发展、港澳青年在江创业等话题，建议政府有关部门针对科技孵化领域，出台相关激励机制和荣誉称号，这样不仅能留住现有的双创人才，还可以吸引更多的侨二代返乡创业。因为通过我们年轻人来运营双创行业，会比较有青春的气息。

近年来，我还投资建设了 YOUNG GUYS 青年创意社群、艺联（家电）智能制造、艺龙科兴（加速）产业园、YOUNG GUYS 港澳青年创新创业基地、粤湾云谷跨境电子商务产业园等项目，通过资源整合、链接互补，实现了与粤湾云谷的产业功能耦合发展，多途径为园区入驻企业提供人才、科技、金融、政策等多元化的产业服务，成功打造"众创空间—孵化器—加速器—总部科技园"全链条创业孵化服务体系，驱动区域新兴产业发展。

接下来，我将进一步完善创新创业全链条孵化服务平台，通过举办更多国际性、跨区域性的创新大赛，激发企业创新创业活力，吸引更多优质项目和人才落户江海，助力江海创新孵化载体高质量、高水平发展，为全区、全市乃至大湾区经济繁荣作出积极贡献。

把老旧小区"改"到群众心坎上

江海区江南街道仁美社区　赵焕媚

走进江南街道仁美社区，一排彩色小房子映入眼帘，十分亮眼；穿过一条宽阔整洁的马路，绿树成荫的下沙公园里洋溢着孩子们的欢声笑语，老年人、三五知己坐在石凳上闲话家常。

看着风和日丽的光景，你很难想象，眼前的社区建于20世纪90年代初，已经走过了近三十年的风雨岁月。曾经，仁美社区也和别的老旧小区一样，有着大多老旧小区都有的"通病"：漏雨的屋面、老化的网管、功能不完善的小区公共服务等，这些问题一直是影响居民幸福生活的"顽疾"。

2019年以来，在政府、人大代表、社区、群众等多方共同努力下，一系列改造举措赋予这个老旧社区新生，将"仁美"其名体现到极致。

打造"美"
旧貌换新颜

仁美社区原处于西江和其支流的汇合处，渔民们沿江而居，其住房是 20 世纪遗留下来的棚户，在缺少规划下略显脏乱。从 2019 年开始，江海区推进老旧小区改造工作，将居民们安置进新房，原来破旧的棚户区摇身一变，成为碧水环绕的网红公园——下沙公园。

现在，我们社区的 9 栋楼房都换上了新装，居民们推开门便能感受到公园的盎然绿意；30 个化粪池重新更换，社区环境更加干净整洁；5077 平方米违章建筑被拆除，社区公共空间得到了整体优化；翻新了约 1000 平方米的文化小广场、200 多平方米的老人活动区，成为社区居民们茶余饭后休闲娱乐的好去处。

在整个的改造项目中，居民群众的意见贯穿始终，人大代表和社区工作者坚持用"走""问""听"来收集居民群众意见。我们发动了社区"两委"、党员、居民代表，采取"线下走访＋错峰入户＋户外宣传"等形式，积极发挥人大代表的作用，将群众想要解决的问题征集在一起，制定居民需求清单。

在走访过程中，社区收集到楼顶天面保温防水、下水管网改造、外墙脱落、楼道粉刷等 40 余条问题，并与有关部门和项目实施单位认真分析，最终形成切实可行的小区改造方案，由人大代表提议和监督落实。

曾经有许多居民反映，停车是社区的一大难题，车位十分有限，停车就像见缝插针，没有什么秩序可言。区人大代表了解相关情况后积极向上反映，在社区改造时，仁美社区便增设停车位、人行道，共增加200多个公共车位，新增400多个摩托车位，通过道路"微循环"等措施实现人车分流，改善"停车难、乱停车"的问题，社区景观也变得更加整齐有序，给周边居民创造了更舒适的出行环境。

社区改好了，居民们脸上的笑容也变多了。社区翻新了，环境变好了，停车也方便了，我们也有面了。

注重"仁"
关怀弱势群体

仁美社区面积约0.5平方公里，有4075户共9280人，其中65岁以上户籍老年人469人。社区关怀聚焦弱势群体，将他们的需求放在心上，在生活的方方面面给予人文关怀。2022年，仁美社区成功入选2022年全国示范性老年友好型社区。

用"管道燃气"代替"扛罐上楼"，是仁美社区改造的一大举措。这里的居民楼已经有20多年的历史了，居民大多都

赵焕媚（第一排右一）组织居民参加燃气加装征集意见会

为中老年人，有些居民行动本就不便，"扛罐上楼"对他们来说已经成为一个难题。并且，使用瓶装液化气烧火做饭，既不节能也不节约，还存有安全隐患。近年来，居民想用上天然气的呼声越来越高。

民之所向，必有回响。人大代表收集了社区居民的相关建议，将瓶装液化气改管道燃气的需求反映至相关政府部门，最终，江海区城管局开展了"管道燃气进万家"活动，推出了管道燃气推广试点方案，采取"政府补贴＋企业让利＋居民分担"的方式，三方共担改造资金，把天然气"接到"居民家里，着力推动老旧小区用气"瓶改管"。此次管道燃气入户改造包括市政管道、庭院管道和立管、户内管道等三项内容，每户改造实际所需工程费 3200 元。

考虑到旧城片区居民经济接受程度，最终通过"政府补贴＋企业让利＋居民分担"的方式，燃气企业承担一半的工程费，如果居民在有效期内主动申请燃气入户改造，每户可由政府部门补贴600元，用户只需要花费1000元就可以完成改造。

"盼了很多年，终于用上管道天然气了！"下沙32号的陈奶奶家里换上了管道燃气后不禁感慨，"以往有时做饭或洗澡时突然没有煤气了，还得停下来打电话叫瓶装气，至少得等1个多小时，十分不方便，而且还经常担心用气安全。现在再也不会有这些担心了，每月燃气花费还减少了"。

此外，为了方便老年人和残障人士的日常出行，我们还致力于推行社区无障碍通行建设，对住宅公共设施进行无障碍改

赵焕媚（右一）入户听取居民对旧城改造项目的意见

造，建设适老的安全出行环境。社区专门召开了无障碍环境建设法调研座谈会，征集无障碍环境建设法（草案二次审议稿）的意见建议。会议也同时邀请了其他人大代表、社区工作者和居民代表参加。老年人、残障人士在此畅所欲言，群众的声音得以被倾听。

　　未来，这些设想将会在进一步的探讨和落实中成为日常，人大代表将继续发挥自身职能优势，成为联结人民需求和政府工作的"便民桥"、人民群众的"代言人"。千千万万个老旧小区像仁美社区一样，把老旧小区"改"到群众心坎上，变得更加美丽而便民。

8

答好"民生卷" 践行全过程人民民主

江海区外海街道墟镇社区　陆月如

党的二十大报告指出："全过程人民民主是社会主义民主政治的本质属性，是最广泛、最真实、最管用的民主。"

墟镇社区成立于 1970 年 1 月，辖区总面积约 2 平方公里，常住人口数约 1.6 万人，辖区有 8 个住宅小区和 4 个旧居民片区，本土户籍与外来务工经商人员交集密切，周边有学校、市场、商铺日杂和较少的文化活动场所等，是典型的融合型老旧社区。

近年来，社区主动增强政治自觉、思想自觉、行动自觉，努力做发展全过程人民民主的践行者、探索者、推动者。社区户籍人口中，有江门市人大代表和江海区人大代表，都是我们社区开展群众工作的宝贵资源。不少人大代表被邀请去参加江海基层立法联系点的立法意见征集活动，结合社区实际，围绕爱国主义教育法等法律草案提出了多条意见。他们还把这些法律的立法目的、需要解决的问题等信息带回社区，成了法律法规的宣传员和普及员。不仅如此，这些人大代表通过察民情、听民意，在身边就近推动社区开展民主协商，使基层社会治理中实践全过程人民民主的探索积累了"社区经验"。

以忠诚之心答好"政治卷"

一直以来，社区着力在全面学习、全面把握、全面落实党的二十大精神上下功夫，深入学习习近平总书记关于发展全过程人民民主的重要论述，推动发展全过程人民民主等重大理念、重大部署在社区中深入人心；坚持把加强党的创新理论武装与学习党史、新中国史、改革开放史、社会主义发展史紧密结合起来，运用辖区"青青读书会"等红色资源，引领社区党员干部深刻领悟"两个确立"、增强"四个意识"、坚定"四个自信"、做到"两个维护"。

在基层治理工作中，我们首先想到要发挥市、区人大代表在全过程人民民主中的表率作用，社区内人大代表以"发展全过程人民民主，保障人民当家作主"为主题，结合《中华人民共和国宪法》《中华人民共和国全国人民代表大会和地方各级人民代表大会代表法》《习近平谈治国理政》等相关内容，在社区开展多场系列宣讲活动，分享社区在治理过程中民主参与的实际案例。

墟镇社区不断健全完善社区各项制度，严格落实民主集中制、重大事项请示报告等制度，完善社区议事规则、党委工作

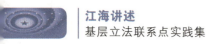

实施机制，切实把党的领导贯彻到社区工作落实全过程。

此外，社区不断健全民主选举、民主协商、民主决策、民主管理、民主监督各个环节，保证社区在管理社会事务及服务居民群众中更好体现民主协商、民主自治，从而保障居民权益、激发居民创造活力。同时，墟镇社区还利用座谈、论证、咨询、恳谈、议事等方式，对事关居民群众切身利益的问题进行调查研究，最大限度吸纳民意、汇聚民智，确保在决策、执行等环节有来自群众的声音，真正把党的领导贯穿基层治理全过程。

以为民之心答好"民生卷"

"康乐园周边行人道的绿化树树枝过多过密，行道树的芒果成熟后容易砸到人，希望能修剪一下。""外海中心市场后街路口经常有清洗垃圾桶的污水，导致地面多处出现积水情况，不卫生也不文明，建议置换收集处旁边的下水道装置，让污水能顺道而入。"

2023年5月10日，在墟镇社区的康乐园里，社区党员、退役军人、居民群众代表、志愿者及相关职能部门等40多人围坐在一起讨论得火热。群众、党员、人大代表面对面，围绕环境整治和垃圾分类在社区小公园内开展"小板凳议事会"，共同为社区的宜居环境出谋划策，推动形成共建共治共享的长效治理机制。

墟镇社区到康乐园开展党群议事会，听取群众意见

　　康乐园里的"小板凳议事会"是我们社区践行全过程人民民主的一个缩影。

　　一直以来，社区坚持创新形式、丰富载体，努力把民主协商、民主管理等环节有效贯通起来，围绕践行全过程人民民主进行新的探索。

　　社区民主协商是全过程人民民主的开端，也是政治参与的社区版"微景观"。墟镇社区将社区、小区物业、社会组织等多方主体联合起来开展议事协商，动员社会组织、党员和广大居民群众积极参与社区治理，成效显著，经常讨论得十分热烈。

　　在"小板凳议事会"中，一些受邀参加的市人大代表和区人大代表在了解外海中心市场排污难的问题后，也感觉自己有责任和义务帮助群众解决难题。他们很快就前往现场实地查看，多途径收集民意，提出整改台账，建议有关部门协助整改。最终，该项目列入江门市民生"微实事"项目，得到上级资金落实了整改，还给居民一个干净卫生的市场。

协商治理的参与效能关系着居民持续参与的意愿及动力，社区为居民参与社区治理提供充分的保障及支持，让参与者感到被重视、被肯定、被包容。

此前，社区居民提出小区垃圾分类亭建设不合理问题，社区内人大代表整合街道以及社区垃圾分类亭建设情况，向住建部门提出在小区上交建设规划图纸时，需附上该小区户数承载量所安排的垃圾分类点位置和容量，并监督小区严格按规划图纸开建再落实验收，减少在小区建成入住后再选点建设分类亭引发的众多投诉和纠纷。

民心是最大的政治，民生是最大的实事。墟镇社区将全过程人民民主重大理念实践在基层"烟火气"中，持续从"一线"诉求着手，从"小区里的共识"中听民声、察民情、解民忧、惠民生，陆续解决了"停车难""路坑人""水管堵"等烦心事，使居民在参与基层治理中更好地理解全过程人民民主重大理念，满意度和社区认同感得到进一步提升。

9

我向选民来述职
也从群众中汲取"大智慧"

江海区人大代表　曾秀梅

这是一场不同寻常的年度大考。

"大家好，我是礼乐街道司法所所长，也是江海区第十一届人大代表，今天在这里向大家述职，也请大家监督指导并提出宝贵意见……"冬日的江海阳光暖照，2024年1月24日，

曾秀梅到礼乐街道文苑社区向选民述职

我来到礼乐街道文苑社区向选民述职，汇报了自己过去一年来的履职情况。

把述职会当作与选民的"交心会"

向选民述职，是我作为江海区人大代表每年的"规定动作"，也是人大代表接受选民监督、向选民负责、同选民保持密切联系的重要形式。

台上述职5分钟，凝聚台下数年功。2024年是我当选为江海区人大代表的第八个年头，也是我从事司法行政工作的第十三年。从2016年起，我连续当选江海区第十、十一届人大代表。其间，我积极履行人大代表的职责，主动联系群众，倾听民意，帮助群众解决"急难愁盼"问题。作为一名基层司法行政工作人员，开展社区矫正、普法宣传、安置帮教、矛盾纠纷调解等工作经历本身就是我的优势，可以通过实际工作履行好人大代表职责，为地方社会安全稳定出力。

在述职报告中，我以数据加内容的形式向群众汇报履职情况，把深入企业、村（居）的次数，联系群众的频率清晰展现出来，参加过哪些专题调研，提出了什么建议也逐一列明。比如，2023年，我受邀出席区人大常委会会议3次，参加代表小组活动、调研视察等活动7次，参加代表培训1次，到选区走访联系选民8次，提出意见建议4条，被采纳的3条。

在述职会场内，选民一边认真听，一边不时点头赞许，直至述职结束获得通过，仍不能放轻松。一般述职结束后，选民们会结合自己关心的问题向我提问，开始述职会的"下半场"。"曾代表，楼上装修没做防水，刚入住就有水漏到我家，找楼上业主和物业都没用，我该怎么办？""每逢赶集日，社区路口堵得水泄不通，怎么解决这个问题？"很多问题虽然都是生活中"鸡毛蒜皮"的小事，看似不起眼、很琐碎，但如果不及时解决或者解决不彻底，日积月累，好比蚁穴击溃千里之堤，垮塌的同样是群众对代表的信任。

八年来，每次述职大会，我都将其作为一次与选民的"迎检会"和"交心会"，大家真心实意"坐得下"，面对面交流也是一次非常难得的机会。我感受到，只有与群众贴得更近，群众才会"说得开""说得实"，甚至有些是直接批评的意见。只有实实在在解决问题，才能赢得群众的尊重和信任。

同时，我也有一个习惯，就是在每次述职前，都会将自己的联系方式告知选民，让他们能随时找到我，随时反映意见和诉求，我也能够及时了解社情民意。我还告诉他们，每个村（社区）都有律师顾问、"法律明白人"，大家遇到任何法律方面问题，都可以享受律师免费咨询服务。

从自己较为熟悉的工作角度，我感受到，畅通维权渠道是践行全过程人民民主的重要环节。在日常的矛盾纠纷中，大多数群众只认"民间道理"，需要工作人员耐心细致地、一遍遍解释相关法律规定，解释清楚了，解释合理了，群众心里才认可，才知道哪些红线不能触碰，责任如何划分。

因此，我也很珍惜述职的机会，不仅在述职中接受选民监督，与选民交心，也通过述职后的回答提问进行普法宣讲。只有通过各种方式加大普法宣传力度，提高群众的法律意识，才可以让他们清楚地认识到法律是解决矛盾纠纷的兜底保障，要积极运用法律武器维护自身合法权益。通过普法宣讲进一步增强群众尊法、守法、学法、用法的意识，为社会发展稳定营造良好的社会氛围。

从群众中汲取立法大智慧

短短的述职报告，道不尽每年的履职故事。累积下来，也是对自己工作的总结，细数了这些年社区发展和社会治理的变化。从江南街道下沙棚户区改造前的房屋产权纠纷调解，到江翠社区"1+2+N"社会治理模式的大胆创新，再到礼乐街道英南村的"榕树下的村民议事厅"工作品牌的打造……在过去八年的履职生涯中，我的工作与基层治理密不可分，也与江海基层立法联系点一路砥砺同行。

2016年，我担任江南街道司法所所长，并当选江海区第十届人大代表。几乎同时期，2015年11月，辖属的江南街道江翠社区被确定为广东省唯一的社区立法联络单位。2020年7

月，江海区人大常委会被正式确定为全国人大常委会法工委基层立法联系点，是当时广东省唯一的国家级基层立法联系点，江翠社区作为国家级基层立法联系点的重要延伸，也相应升级为"国字号"联系点的立法联系单位。这意味着，在社区中搜集的民情民意，最高可以直接上达至全国人大常委会，成为国家立法的重要依据。

在履职期间，我组织江翠社区举办了《江门市文明养犬条例（草案）》《江门市文明行为规范（草案）》等法规草案的居民论坛，邀请了退休职工、社区律师顾问、各职能部门负责人积极参与，聚焦群众反映的热点问题，广泛收集社区群众意见与建议，也为今后公共法律服务工作顺利开展打下良好的群众基础。

此外，江翠社区还不定期组织举办立法、普法、释法知识讲座，邀请市、区人大专家学者和社区法律顾问授课，增强居民群众主动参与立法的意识，使主动参与立法、日常生活遵纪守法、遇到矛盾纠纷懂法用法成为社区居民群众生活新风尚，让"高大上"的立法走进"寻常百姓家"，进而带动群众尊法、守法、用法。普法为了人民群众，人民群众也有大智慧，在立法工作中许多"金点子"也都是在与人民群众闲聊中聊出来的。

2021年，我转战第二战场，担任礼乐街道的司法所所长，并当选第十一届区人大代表。在礼乐街道英南村，我主导并参与了"榕树下的村民议事厅"的创立工作，被市司法局评为 2022 年度全市司法所十大品牌之一。这些年，"榕树下的村民议事厅"也形成审核议题、会议协商、组织实施、民主监督的基本流程，汇聚民智民力，先后开展了《中华人民共和国农产品质量安全法（草案）》《江门市新会陈皮保护条例（草案）》等法律、地方性法规草案的立法征集活动，让英南村成为全国 497 个村级议事协商创新实验试点单位之一。

在村一级征集立法意见的活动中，英南村形成了自己的特色。以村民议事厅为载体，强化德法自然融合，依托村法治文化广场、长廊等场所，整合驻村律师顾问、"法律明白人"等法律资源，将法治、德治、自治创造性融入基层立法联系工作中，形成了"红色网格""红色指数（村民积分）""家长学吧"等一批村（居）治理的精品工程，村民的法律意识获得加强，收集民情民意的渠道不断拓宽，助推全过程人民民主立法进程。

曾秀梅在英南村为村民释法普法

在今后的履职当中，我将继续依法履行好一名人大代表的神圣职责，着力搭建党与基层群众的桥梁，做好"方言土语"向"法言法语"的转换器、法治建设的助推器，打通收集民情民意的"最后一公里"。

媒体报道

高新区（江海区）探索人大代表履职常态化
高新区（江海区）多措并举人大代表履职真正实现常态化

作者：曾梓欣
来源：原刊于"江门人大"微信公众号 2019 年 6 月 20 日

近日，江门市江海区外海街道直冲村村口的榕树下非常热闹，一场别开生面的人大代表户外接访活动在这里举行，代表和群众坐在小板凳上，面对面话家常、讲政策、解难事。

"我们邀请了 6 位区人大代表以及省人大代表易毅燕，区人大常委会主任余志坚也来到现场，各位村民有什么难言之隐都可以说出来。"主持人话音刚落，村民们就积极上前反映诉求，包括留用地补偿、被征地农民社保、环境污染等问题。

如今，这样接地气的场景在江海区人大代表日常履职活动中并不鲜见。为了让人大代表在会议以外的时间仍能高效履职，加强与群众的沟通，江海区多措并举，创新基层代表履职途径，确立代表建议征集流程再造，积极开展代表评议述职活动，建立代表履职档案和激励机制，增强人大代表履职实效，使人大代表履职真正实现常态化。

畅通民意通道

设立固定咨询场地、专项运作经费、健全的规章制度……近年来，江海区率先在全市实现"每10名人大代表就有1间人大代表联络室"，并以此为桥梁，开展接待选民、联系走访、收集意见、交办督办、及时反馈的"一条龙"服务。

外海街道创新每月一次"榕树下的议事会"活动，代表与选民面对面，就治安、环卫、交通、民生等方面交流意见，顺利整治"三不管"地区、企业废气等问题。

江南街道以人大代表联络室为平台，以基层立法联系点为依托，以代表议事论坛活动为切入点，开展"三位一体"的工作模式。联络室建立一年多以来，收集解决选民意见建议60多条。其中，江翠社区议事委员会针对"文明养犬"话题主持召开居民论坛，高效破解社区难题。

礼乐街道搭建党委、政府和广大企业的沟通平台，设立腊味行业协会人大代表联络室，发动群众收集到关于企业治污、村内污水管网建设、基础设施建设等建议50多条。

"各人大代表联络室自投入使用以来，群众选民积极参与各项活动，表达诉求，拉近了代表与选民之间的距离。"江海

区人大常委会相关负责人表示。

创新代表建议工作机制

在代表工作方面，区人大常委会交出了一份"江海特色"答卷，出台《关于定期报送代表反映问题、意见的通知》，建立了一套"繁简分流，流程再造，动态征集"的建议征集处理流程机制。目前，代表们的意见反馈实现了数字化，征集的建议全部通过电子平台向街道人大工委报送并经街道人大工委按照问题性质进行分类后分流处理。一部分转为人大代表建议，由区人大常委会选任联工委处理；一部分相对简单的分流至部门处理；另一部分由街道自行处理并反馈处理结果，繁简分流，层层递进，有理有据。

此外，近年来，江海区人大代表紧跟"一项目一工委，一月一情况，一季一检查，半年一汇报，年度一测评"的"五个一"督办要求，围绕区委中心工作和热点问题确定监督内容，创新监督形式，提高监督实效，推动黑臭水体综合整治、医联体建设、义务教育"三二一"工程学校建设等工作取得显著成效。

点燃履职激情

人大工作的主体是代表，调动广大代表履职积极性成为提升人大工作实效的关键之举。区人大常委会通过建立代表履职档案和激励机制进一步激发其履职热情。

打开代表履职档案，就像翻开了人大代表的"成绩登记表"。上面详细记录了人大代表的"经历"，包括参加活动、联系选民、视察调研等情况。一人一簿，一事一记。通过每年晒"成绩单"，把工作情况直接摆到台面上。

此外，区人大常委会通过开展代表述职活动，建立履职激励机制，对有热情、善履职的代表进行通报表扬，通过媒体宣传其履职事迹和先进工作经验，激发代表荣誉感和进取心，带动广大代表学习先进，提升代表形象，增强代表信心。

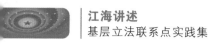
"江海经验"可打造成全国样板！
江海区基层立法联系点工作获充分肯定

作者：张叶青

来源：原刊于"江海高新发布"微信公众号 2019 年 12 月 14 日

2019 年 12 月 11 日，全国人大常委会法工委办公室主任孙镇平、省人大法制委主任委员陈逸葵一行到江海区调研基层立法联系点工作。调研组充分肯定江海区人大常委会基层立法联系点工作，认为"江海经验"可打造成样板，供全国各基层立法联系点学习。市人大常委会副主任钟军，高新区党工委书记、管委会主任、江海区委书记彭章瑞，江海区人大常委会主任余志坚等参加调研座谈。

调研组一行首先参观了江海区基层立法联系点办公室，详细查看宣传栏上制度规定、情况反馈、意见征集、工作计划等内容，并听取江海区人大常委会相关负责人汇报联系点特色优势和近年工作开展情况。孙镇平就基层立法联系点工作提出相关问题，并得到现场解答。随后，调研组一行走进江翠社区参观了独立设置的 70 平方米立法联络活动室，江翠社区相关负责人对该基层联络单位工作情况进行了全面介绍。

调研组认为，江海区人大常委会高度重视基层立法联系点工作，并为此作出了很大努力，拿出了有效举措，取得了丰硕成果，在探索实践中因地制宜地解决本地突出问题，将基层立法联系点工作的触角延伸到社会每个角落，让百姓心声直通立法机关，引领地方改革和经济社会发展。

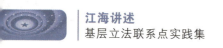

架起沟通"云道"
让基层立法建议"直通"国家立法机关

作者：江海区人大常委会研究室

来源：原刊于"江海人大"微信公众号 2020 年 6 月 24 日

"基层立法联系点"作为热搜词，在今年的全国人大常委会工作报告中被重点提及。"要发挥基层立法联系点接地气、聚民智的'直通车'作用，支持基层群众参与立法全过程，原汁原味收集反映各方意见"的论述，为全国的基层立法联系工作注入新的动力。

江海区人大常委会 2015 年被确定为广东省人大常委会基层立法联系点。经过四年多的努力，该基层立法联系点已实现从探索实践到规范化、制度化运作的转变，工作成效显著，获得省、市乃至全国人大的肯定和关注。江海区基层立法联系点为老百姓与立法机关架起沟通的"云道"，面对社会的关注和各方的肯定与期待，开足"直通车"引擎，在"途中"不断完善、改进、创新基层立法联系工作，只为让基层立法建议能更快、更好、更稳地"直通"国家立法机关。

2020 年，江海区人大常委会基层立法联系工作已迈进第五个年头，也是退休职工麦棠成为社区立法意见义务收集员的第四年。作为基层立法联络单位，江海区江翠社区创新工作方式，聘请了一批热心社会服务、素质较高、在社区有一定影响力的退休干部、居民代表作为社区立法意见义务收集员，广泛收集社区居民对于地方立法和法规修改等方面的意见建议。尽管他们当中的大部分此前与"法"还是陌生人，但在接触基层立法联系工作以来，不断积累经验，扩展专业知识，并将自己的一些生活经历经验融入学法、普法、宣法的过程中，逐渐与"法"成为知己好友。如今，像麦棠这样的社区立法意见义务收集员由最初的10人扩充到62人，人员结构也不断优化，由初期的以社区退休人员为主，到后来党代表、人大代表、各行业代表加入，再到今年引入8名驻社区律师组成的专业律师团队，使得立法信息采集面更广，提出的意见建议质量也越来越高，真正实现让法律"飞入寻常百姓家"。

当接到《广东省实施〈中华人民共和国律师法〉办法（草案修改稿征求意见稿）》时，基层立法联络单位江翠社区书记陈凤鸣第一时间通过微信群把消息带到各位立法意见义务收集员。通过区人大常委会的宣传引导，"修改法"随即成为老百姓热议的话题。麦棠在仔细阅读相关条文、与群众进行讨论后，提出第九条"律师执业期间因过失犯罪受到刑事处罚，正在服刑的，由地级以上市人民政府司法行政部门收回其执业证书，服刑期满后予以返还"这一条对律师重新执业的要求过于宽松。"太专业的话语我也说不上来，不过我退休前是一名司机，我们司机如果做出任何违法犯罪的行为被吊销驾照，在服刑期满后也需要按照规定重新申领驾照。我觉得，律师行业也可以参照驾照申领的有关规定作修改。"省调研组予以采纳，将相关条文修改为"刑期届满后可依照国家有关规定申请恢复执业"。每当聊起这件事，麦棠仍很激动，"我当时非常高兴，全省的立法机关听取了我一个普通百姓的意见，真的是无上光荣。从那之后，对待社区立法联系工作我更加积极也更有动力，也希望能带动更多身边的老百姓参与立法过程"。

　　四年多来，在江海区基层立法联系点的作用下，基层群众在参与立法征询的过程中发挥主人翁精神，法治意识不断增强，代表的群体越来越广泛，提出的意见建议也越来越精准。"这条'云道'，它一头连接着我们基层的老百姓，另一头连接着我们的法律法规。"江海区人大常委会主任余志坚表示，"因此，我们其实架起的是党与民心的桥梁，开启的是立法建议的'直通车'。让老百姓坐上这班车，让立法机关能够直接倾听到基层老百姓的声音，那么这个立法就是一个接地气的立法，就是能体现民情、反映民心、顺应民意的立法，也是我们基层立法联系点的初心和使命。"

江海区"国字号"基层立法联系点交出优异答卷！
逾 300 条"侨"味意见直通最高国家立法机关

作者：李雨溪　曾梓欣

来源：原刊于《江门日报》2021 年 9 月 16 日

　　"'街谈巷议'成为立法者的考量，基层民主可'感知'更'可用'。"胡可滢是全国人大常委会法工委江海区基层立法联系点的法律助理，如果说一年前她对联系点工作的最初体验是新鲜，那么经过一年多的参与，她对基层立法和"全过程人民民主"有了更清晰的认知。

　　去年，全国人大常委会在全国增设6个基层立法联系点，开通听取人大代表、人民群众意见的"直通车"，其中就包括江门市江海区人大常委会，这也是广东省唯一的国家级基层立法联系点。

　　一年里，江海区基层立法联系点不断"扩点提质"，突出"侨"味，不间断地"送法"下基层，探索有江海特色的立法意见收集模式，作为主要工作抓手的立法联络单位从最初的 5 个增加到如今的 55 个，每个村（居）都有法律顾问，立法意见办理"一条龙"完成，向下延伸察民情、向上直通传民智……基层立法联系点架起了人民群众与最高国家立法机关之间的桥梁。

一年里，江海区基层立法联系点共完成 28 部法律法规草案的意见建议征集，上报 310 条意见建议，25 条被采纳，多家国家级、省级媒体前来报道该基层立法联系点的经验做法，充分肯定其实践"全过程人民民主"的示范意义。

一年里，在江海区，一列列"立法直通车"让民意汇集、民智集中，让法律法规从基层来、再回到基层去，持续推进国家治理体系和治理能力现代化迈向更高水平。

如今，江海区基层立法联系点的实践仍在继续。透过联系点，人民群众对立法的期盼，已不是有没有，而是好不好用、管不管用、能不能解决实际问题，人民群众建设美丽城市的主动性、积极性、创造性被激发，科学立法、民主立法、依法立法蔚然成风。

"扩点提质"的江海探索

去年 7 月 17 日，江海区人大常委会被全国人大常委会法工委确定为基层立法联系点；8 月 18 日，全国人大常委会法工委到江海区授牌启动基层立法联系点工作。

"金光闪闪的'国字牌'挂起来后，大家很有荣誉感，但也更坚定了要高质量推进联系点工作的决心。因为作为全省首个，必须在实践中摸索形成创新经验，肩上的担子很重。"江海区人大常委会主任余志坚说。

作为立法工作和人民群众"鱼水相亲"的桥梁，立法联系点首先要贴近群众。为实现这一目标，在做好资金保障和制度保障的基础上，江海区在一年里改写了两个数字，"扩点提质"，作出江海探索，让基层立法联系点工作立体化展开。

从 5 到 55。一年时间里，江海区基层立法联络单位增加 11 倍，覆盖全市，辐射全省。无论是乡村、社区，还是辖区内的各大商会、行业协会，都有立法联络单位铺设，在充分考虑贴近基层群众的同时，江海区还吸纳了企业代表和不同类型的企业服务组织。

广东大冶摩托车技术有限公司是省级基层立法联络单位，也是江海区立法意见义务收集企业。作为省人大代表，该公司总经理谢升主动配合江海区人大，邀请了江海区内 10 家规模大、有影响力的名优企业承担起立法意见义务收集任务，从企业经营、经济发展的角度收集和反映工商界、企业职工对立法的意见建议。

不仅是区域上的全覆盖，55 个基层立法联络单位的领域代表性也非常鲜明，其中不乏社会组织和商会、协会的身影，如江门市侨商总会、江海区光电协会等。"协会对于整个面上情况的连通性和代表性要比一家单位广得多，所以我们特地把一些协会单位纳入进来。"江海区人大常委会办公室主任骆阳平说。

浏览立法联络单位的名单，笔者发现有的设置在写字楼，有的在双创园，有的在街道办事处，还有的在村（居）委，立法联络单位不仅立足基层、跟老百姓走得近，类型还很多样。

从 10 到 63。这一年，迅速扩充的还有江海区的立法意见义务收集员队伍。一批热心社会服务、德高望重、在群众中有一定影响力的退休干部、居民代表、业界精英成为社区立法意见义务收集员，经他们的手，"接地气"的立法意见被传达到省人大，甚至直达全国人大。

年逾花甲的退休工人何树榕就是江翠社区首批立法意见收集员之一。他经常排查社区和居民的用电用火安全隐患、检查辖区内健身器材的破损情况，为不少独居老人上门维修水电。这位名声在外的"江门好人"，在江翠社区号召力颇强，能有效收集大家的立法意见。"榕叔一句话，大家都会听"已是坊间美谈。

这两个数字的量变会带来质变吗？

数据统计显示，2020 年 7 月至今年 7 月，江海区各基层立法联络单位共组织调研 4 次、座谈会 15 次，征集意见 310 余条，上报意见 310 条，在今年前 3 个月内便完成了 12 部法律法规草案意见建议的征集工作，超过去年的总量。

作为基层立法联络单位的江翠社区的荣誉墙上有份展示材料吸引眼球，那就是有 57 年党龄的老党员麦棠对《广东省实施〈中华人民共和国律师法〉办法（草案修改稿征求意见稿）》的建议。

退休工人麦棠拥有着多重身份，他是江翠社区的居民、江翠社区议事委员会委员、一名老党员、退役军人，也是江海区立法意见义务收集员。凭借热忱开朗的性格，他与居民"打成一片"，大家尊称他一声"棠叔"，而他无论走到哪里，都留心引导大家说说心中的立法意见，主动向上级部门反映。

在一次省调研组征求《广东省实施〈中华人民共和国律师法〉办法》意见时，麦棠提出，第九条"律师执业期间因过失犯罪受到刑事处罚，正在服刑的，由地级以上市政府司法行政部门收回其执业证书，服刑期满后予以返还"的规定过于宽松，建议参考机动车驾照申领有关规定进行修改。最终这条建议被省调研组采纳，成为正式颁布的《广东省实施〈中华人民共和国律师法〉办法》的一部分。

麦棠也将此归功于身后的群众后援团和江海区基层立法联系点这个民意平台。"在居民区，我担任收集员，大家都愿意跟我讨论。我利用立法联系点这个平台，再把他们的声音传递上去。"

如今，在江海区，以麦棠为代表的立法意见收集员、各级人大代表已经参与了20多部法律法规的制定修改，提出不少意见建议，《中华人民共和国海警法》《中华人民共和国反食品浪费法》《广东省实施〈中华人民共和国律师法〉办法》等国家法律和地方性法规中都闪烁着"江海智慧"。

耀眼成绩的背后有立法意见收集员的支撑，也有赖于一整套细致完备的意见收集机制。从法律法规草案的收文、征集、整理、撰写、审定、上报、归档，江海区人大常委会探索出一套完备的工作方法，实现了立法意见办理工作"一条龙"。以55个联络单位、63名信息收集员为主体，以法律咨询专家库为依托，坚持提前为收集员送上法律草案、情况说明，召开居民群众、业务相关人员两种类别座谈会，坚持以书面发函、走访调研及座谈会三种形式征集意见，每部法律法规草案至少召开3—4场座谈会听取意见。在此基础上，进一步拓展意见征集的范围、方式。

同时，江海区也是在全省率先，全市首个建立起"基层立法联络单位＋代表联络站＋代表联民议事岗"三合一联络平台的区域，在全区各代表联络站广泛听取人大代表意见，并组织代表定期到村头榕树下、公园广场里听取市民意见，随时随地在线下广泛征求立法意见。

随着基层立法观念的深入，上到七八十岁的老人，下到还在上小学的儿童，都可以直接参与国家层面的立法，为法律的完善贡献经验或新鲜的意见。"居民们在每次活动中或紧张激动，或赞扬期许，凡此种种，都让我看到'全过程人民民主'理念在江海区的生动实践。"江翠社区党支部书记陈凤鸣说。

联系点成了法治文化播种地

这一年，江海区基层立法联系点联络员邢玉生参加了全区好几场法律法规的解读会、意见征求座谈会。"几乎每场会议都是一次普法的良机。"他说。

"既要让专业的法律条文转化为通俗易懂的群众语言，也要将群众建议转化成法言法语，从而有利于建议更好地被采纳，这是众多基层立法联系点面临的共同难题。"邢玉生直言，江海区基层立法联系点在此过程中大多数都借助了"外脑"，通过专家、律师释法，为居民群众进行草案解读。"这些律师可不是简单的传声筒，而是在互动交流中为群众答疑解惑，这是很好的法治实践教育。"

江海区的每一个基层立法联络单位背后，都有省、市人大常委会立法咨询专家库的支撑，区一级33人的立法咨询专家全过程参与，有百余名村（居）律师力量加盟，立法联系点已成为人民群众的"普法担当"。

引进社区律师是江海区在培育社区法治土壤方面的重要举措。律师黄冠广2016年开始在江翠社区驻点，为居民提供普法讲座和法律援助。按司法部门要求，他每个季度需至少举办一次社区普法讲座，但他实际上一年会举办七八次。

黄冠广表示，社区的普法工作要注意结合热点，并切实回应居民的需求。比如，他会在妇女节和儿童节举办妇女儿童权益保护的专题讲座。民法典征集意见期间，他也举办了许多与物权法相关的讲座，居民反响热烈。

解读只是人民群众参与立法的环节之一。这一年，江海区基层立法联系点的功能内涵也在拓展，在全过程参与立法上有了全新探索。

"为了充分发挥联系点在立法全过程人民民主中的作用，江海区也对基层立法联系点的工作规范作了全面修订，聚焦联系点的立法属性，引导其有序参与立法规划、法规草案意见征集以及法规通过后实施评估等工作。"邢玉生说，以前主要在法规审议环节发挥作用，现在延伸到了立法前、立法后。比如在编制立法规划中征求意见，在法规形成后进行执法检查、监督或者评估。

经过居民论坛、立法意见征集等环节，去年《江门市文明行为促进条例》出台，其中有关文明养犬等相关法律规定落地，江翠社区居民不仅在条例征集意见阶段积极发声，还率先参与该条例实施后的专项监督。居民刘先媛感叹："联系点向大家展示了民主立法的整个流程，群众对立法没有隔阂了。"

这样的溢出效应正全面开花。因为参与了立法意见征集活动，居民对这部法的细节都很了解，昔日"高大上"的立法工作走入了寻常百姓家，法律法规实施起来也更顺畅，大家也更加重视通过法治思维和共同协商解决实际问题，促进了社区自治共治。

立法联系点的"侨"味道

"江海区征集立法意见的便利条件得天独厚。"余志坚说。

江海区地处粤港澳大湾区，是改革开放的前沿地带，经济社会发展充满活力。区内城乡并存，可同时听到城市居民、农村村民的声音；江海区作为国家级高新区，征集企业意见也很便利。江门市还是中国著名侨乡。依托侨的资源，江海区发挥联系海外华侨华人和港澳台同胞的桥梁纽带作用，听取他们的意见建议，同样具有独特意义。

注重打造侨乡特色，江海区基层立法联系点的建设过程中充分发挥区人大侨务代表专业小组、区侨联以及相关涉侨机构的作用，借助"侨梦苑"平台，着力增强立法联系点的"侨"味道。在江海区，华人华侨参与立法完全没有障碍——无论是地方立法，还是国家立法；无论是立法前民意征询，还是立法后评估，只要愿意，都可以"全过程参与"。

江海区侨资企业众多，且集中于工业制造业，为了方便听取、收集群众意见，江海区人大常委会就近在江海区火炬大厦二楼设立基层立法联系点活动中心，开辟建设了"法治广场"，并将"侨梦苑"平台利用起来，完成从意见收集到普法释法的全流程工作。

澳门江门同乡会常务理事、澳门江门青年会副会长、江门顺兴吸塑厂有限公司董事长林碧芸曾受邀参与基层立法活动，她认为，普通民众参与立法活动，提高了立法质量，更好地保护了公民合法权益，是一个有益尝试，做到了科学立法与民主立法相结合。同时她表示，作为企业家，最看重营商环境，而法治是最好的营商环境。

有"侨"味更有"党"味。江海区基层立法联系点以"党建＋法治"为纽带，以基层党支部为落脚点，将非公经济和社会组织也纳入基层法治建设的"一盘棋"中，充分调动社区及周边地区广大党员参与立法意见征集、法治宣传教育、法律实施评估，将党建工作和民主法治建设有效深度融合。

"民意"直通全国人大，"民智"融进社会发展。越来越多"基层声音""侨乡声音"，搭乘基层立法联系的"江门号"直通最高国家立法机关。余志坚表示，作为全省唯一的国家级基层立法联系点，江海区人大常委会致力于建设一张覆盖全江门、辐射大湾区的意见征集网络，希望今后能够搭建广东省、江门市立法意见征集的渠道，扩大意见征集覆盖面，使江海区基层立法联系点充分发挥反映广东声音、侨乡声音的"直通车"作用。

架起"连心桥"，开通民意"直通车"
广东基层立法联系点工作交流会暨江海"法治广场"
启用仪式举行

作者：丰西西

来源：原刊于"羊城晚报·羊城派"2021 年 9 月 16 日

"架起'连心桥'，开通民意'直通车'"。在广东，人们对基层立法联系点是这样的印象。2021 年 9 月 16 日，全省基层立法联系点工作交流会暨江海"法治广场"启用仪式在江门举行。自 2015 年基层立法联系点成立以来，截至目前，全省共有基层立法联系点 21 个、基层立法联系单位 42 个，全省基层立法联系点工作取得了明显成效。

当天下午，在江门市江海区人大常委会门口，随着写有"人民有所呼，立法有所应"大字的大门缓缓开启，标志着江门市江海区法治广场正式启用，它将被打造成集立法联系、普法宣传、人大代表履职于一体的综合法治学习场所。

江海区人大常委会自去年被正式确定为全国人大常委会法工委基层立法联系点以来，不断"扩点提质"，充分发挥侨乡特色，不间断地"送法"下基层，其立法联络单位从最初的 5 个增加到如今的 55 个，实现了每个村（居）都有法律顾问，立法意见办理"一条龙"完成，让百姓心声搭上"快车"，得

以直通国家立法机关。

与此同时，江海区也是在全省率先建立起"基层立法联络单位＋代表联络站＋代表联民议事岗"三合一联络平台的区域，在全区各代表联络站广泛听取人大代表意见，并组织代表定期到村头榕树下、市区的公园广场里听取群众意见，随时随地广泛征求立法意见。

作为广东唯一的"国字号"基层立法联系点，从 2020 年8 月成立至今，江海区人大常委会共完成 28 部法律法规草案的意见征集，上报 310 条意见建议，25 条被采纳。

"将群众对立法的需求'原汁原味'地反映给立法机关，用通俗易懂的语言把'法言法语''专业术语'讲述给群众听，让征求意见过程成为宣传普法、弘扬法治精神的过程。"广东省人大常委会法工委主任李柏阳说。

李柏阳说，为了更好地发挥联系点的作用，省人大法制委、常委会法工委就群众关心、基层关注的问题，不断探索科学立法、民主立法的方式方法，比如在全民健身立法过程中，就"学校向社会开放体育设施"的问题，委托部分联系点进行论证，听取收集学校、健身人群等各方意见；在反家庭暴力立法过程中，委托部分联系点开展立法调研，让村（居）社区、基层单位和一线干部群众直接参与立法讨论，将开门立法与反家暴宣传生动结合。

在广东，目前有基层立法联系点 21 个，其中区人大常委

会 13 个，县（市）人大常委会 6 个，镇人大 2 个；共有联系
单位 42 个，包括了在地域、行业等方面具有代表性的乡镇街
道办、村委会、社区、司法机关、学校、医院、企业等。

5 年来，各联系点接地气、聚民智，让"神秘"的立法工
作走进寻常百姓家，打通立法机关和社情民意的"最后一米"。

记者了解到，广东省人大常委会已推出了《关于加强和改
进我省基层立法联系点工作的若干意见（征求意见稿）》，旨在
进一步做好加强基层立法联系点建设的各项工作。

据悉，下一步广东将牢牢抓住有效管用这个提高立法质
量的关键，积极探索推进"小切口""小快灵"立法，紧紧围
绕广东省打造新发展格局战略支点、"双区"等重大战略部署
加快地方立法，在相关法规中更多呈现"广东元素"，更好地
发挥基层立法联系点立法"直通车"的作用，把基层立法联系
点建设成为密切联系群众、践行全过程人民民主的有效平台载
体，努力打造全过程人民民主的"广东样板"。

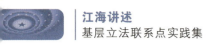

打造侨乡特色高水平，国家立法"直通车"
——江门市江海基层立法联系点工作纪事

作者：江海区人大常委会

来源：原刊于《人民之声》杂志 2022 年第 2 期

江门市江海区面积只有 110 平方公里，常住人口 36.47 万，作为一个珠三角地区"平凡"的小城市，却有着江海基层立法联系点这个推进国家民主立法，实践国家立法全过程人民民主的标杆。早在 2015 年，江海区人大常委会就已经是广东省人大常委会的基层立法联系点，由于工作扎实，勇于创新，在工作中表现突出，在省委、省人大常委会的推荐和支持下，2020 年 7 月，江海区人大常委会被确立为全国人大常委会法工委基层立法联系点，这是广东省首个也是唯一的"国字号"基层立法联系点。截至 2022 年 2 月，全国人大常委会法工委江海基层立法联系点已经建立一年半。这一年半来，江海基层立法联系点牢记使命担当，密切联系群众，夯实基础，守正创新，扎实推进各项工作，取得显著成效。

守主业　抓重点
做好意见征集工作

截至 2022 年 2 月 16 日，江海基层立法联系点共完成 38

部法律法规的意见征集工作，共上报意见建议 490 条，61 条被采纳，其中，完成全国人大常委会法工委交办的 22 部法律草案意见征集，上报 339 条，40 条被采纳；完成省人大常委会交办的 12 部法规草案意见征集，上报意见 99 条，13 条被采纳；完成市人大常委会交办的 4 部法规草案意见征集，上报意见 52 条，8 条被采纳。

在开展立法意见征集工作中，江海基层立法联系点采用多种方法，主要有线上政务平台和微信公众号征求意见，召开专题座谈会听取有关部门或群体意见，与全国人大常委会法工委行政法室视频连线交流立法意见建议，对重点人物或单位进行专项走访以及回访，征询人大代表和政协委员的意见，听取立法意见义务收集员以及农民、社会工作者和一线工人意见等。以立法意见征集工作为重点，江海基层立法联系点认真履行国家立法"直通车"的职责，丰富联系形式，深入基层群众，畅通民意表达渠道，不断提升立法意见来源的广度、深度。

一年多来，江海基层立法联系点上报的工作情况在全国人大常委会法工委内刊发 10 篇简报，成果丰硕。其中，科学技术进步法（修订草案）的意见征集报告得到全国人大常委会法工委主任沈春耀亲自批示，要求社会法室参考；农产品质量安全法（修订草案）的意见征集报告、侨胞问卷调研报告分别得到全国人大常委会法工委领导批示，印发简报委内交流。另外，受广东省人大社会委委托，对省人大常委会关于制止餐饮

浪费决定实施效果开展评估的报告得到省人大常委会领导陈如桂的批示表扬。

建阵地　优环境
打造法治地标

2021年9月16日，占地11亩的江海法治广场和面积约1200平方米的基层立法联系点活动中心正式启用。全国人大常委会法工委、广东省人大常委会、江门市委、市人大常委会、江海区委领导及全省21个地级以上市的省级基层立法联系点代表共130多人出席启用仪式和座谈会。全国人大常委会法工委副主任武增、省人大常委会副主任王衍诗作重要讲话。

在市委、市人大常委会和区委的指导和支持下，总投资超3000万元的江海法治广场和基层立法联系点活动中心用时不到半年即建设完成，由江海区人大常委会自主使用、自主管理，其建成启用具有里程碑式的意义。自此，江海基层立法联系点密切联系群众、开展意见征集、法治宣传和代表活动、开好汇集民意民智"直通车"、推进全过程人民民主拥有了主要阵地和优良环境。

强机制　整资源
完善工作流程

自成立以来，江海区基层立法联系点不断完善工作机制，强化资源整合。

增强资金、制度、人才保障。江海区已将基层立法联系点专项工作经费纳入本级财政预算。省、市人大常委会分别划拨专项工作经费，支持江海基层立法联系点建设。在现有工作制度基础上，新制定了立法联系单位工作流程、责任清单等。建立有 33 名学者参加的专家顾问库，组建由 3 名法学硕士、1 名法学学士为成员的联系点专职工作团队。市人大常委会选派青年干部定期蹲点，帮助联系点开展工作。

完善工作网络，整合优质资源。在江海区 3 个街道办、26 个区直部门、9 个村（居）委会、12 个人大代表联络站、4 个商会、3 个行业协会设立了 57 个立法联系单位。与江门市侨商总会建立联系交流机制。与江门市依法治市办、江门市司法局签署合作协议，共享市政府的立法联系网络。结合江海区"一村一法律顾问"的社会治理模式，与江门律师协会、市内外知名律师事务所建立合作，发挥专业律师在立法意见征集中的优势。邀请五邑大学地方立法研究院专业团队协助开展工作。

加强上下联动，重视交流分享。积极争取上级人大的指导和支持。5 月，在省、市人大领导带领下，赴全国人大常委会法工委汇报工作。11 月，承办江门市人大系统践行全过程人民民主研讨会，挂牌成为"江门人大全过程人民民主实践基地"。12 月，赴广州参加省人大常委会办公厅、省委宣传部、省司法厅联合召开的"贯彻实施宪法　发展全过程人民民主"专题座

谈会，介绍基层立法联系点工作经验。

根据市委提出的"走出去、请进来"要求，2021 年 4 月赴福建泉州和广东潮州调研慈善法实施情况。上半年基本完成了对省内另外 20 家省级基层立法联系点的学习考察，初步建立沟通联系机制。一年来，积极参与全国人大常委会法工委基层立法联系"朋友圈"交流互动，2021 年全年接待兄弟省市区相关单位的来访考察调研 52 场，有力促进工作联动、互学互鉴，共同提升工作水平。

用好工作机制，创新工作方法。江海基层立法联系点构建了立足江海、覆盖江门、类型丰富、要素齐备的工作网络，开展工作有抓手，落实任务有帮手。完善了"法律法规草案收文—方案制定—意见征集—意见整理—材料撰写—报告审定—意见上报—资料归档"八步工作流程，每次任务都做到有方案、有计划、有标准、有程序。探索采取"立法意见征集—意见上报—采纳意见梳理—采纳意见反馈"四步工作法，打造立法意见征集的信息闭环，让基层群众有参与立法的积极性，感受到最广泛、最真实、最管用的社会主义民主。

重宣传　开窗口
擦亮江海品牌

江海基层立法联系点结合法律法规草案意见征集工作，积极开展以宪法为核心的法治宣传活动，广泛吸收引导基层群众参加讨论，把征集意见的过程变成宣传、普及法律的过程，弘扬法治精神，营造法律实施的良好社会氛围。

2021 年，在反食品浪费法、医师法、科学技术进步法（修订）、农产品质量安全法（修订）等草案意见征集过程中，江海基层立法联系点通过线上互动、专题座谈、一对一走访等多种形式开展活动，注意将草案的"法言法语"转换成"百姓语言"，积极引导群众参与讨论，认真宣介国家法律和政策，邀请一线从业人员和社区居民一起座谈研究，确保在征集到"原汁原味"意见建议的同时，让老百姓能够深入理解立法意图和重要条款内容，增强他们学法、守法、用法的意识。12 月上旬，江海基层立法联系点协同市人大常委会、市区两级司法局在法治广场开展"12·4"国家宪法日暨全市"宪法宣传周"活动，举行新入职公务员宪法宣誓，举办图片巡展、普法小游戏和有奖问答，吸引市民群众观摩和踊跃参与。

江海基层立法联系点认真领会全国人大常委会法工委在江门设立联系点的期待和要求，借助媒体积极发声，向海内外主动介绍联系点工作情况，宣传中国立法成就和全过程人民民主实践。一年来，江海基层立法联系点被中央媒体和地方媒体报道共计 62 次，新华社、法治日报、光明日报、中国人大网、南方日报、羊城晚报等国家和省内主流媒体以及"学习强国"平台均专门刊载联系点工作情况和经验做法。9 月，中宣部直属外宣机构五洲国际传播中心到江海为联系点拍摄专题片。11

月，中国国际电视台（CGTN）《今日世界》栏目播出江海基层立法联系点的专题报道，在海内外反响热烈，中国驻瑞士大使馆关注并转发，外宣效果显著。12月底，广东电视台、江门电视台先后来采访拍摄，联系点的知名度和影响力不断扩大，较好发挥了向世界传播中国民主声音、讲述中国法治故事、介绍中国发展成就的窗口作用。

显特色　造品牌
发挥"侨乡"优势

江海区是国家级高新区。江海基层立法联系点注意引导大冶摩托、聚科等区内大型工业企业、名优企业发挥行业领军和桥梁纽带作用，对反食品浪费法、科学技术进步法（修订）、广东省知识产权保护条例等草案收集工业界、高新技术研发机构、企业职工的立法意见建议。江门还是全国著名侨乡。江海基层立法联系点与市侨联、市侨商总会、海外侨团组织建立联络机制，扩大工作网络对侨胞群体的覆盖面，并通过问卷调研初步了解和掌握了江门侨胞大概情况。

江海基层立法联系点立足国家级高新区特点和江门"侨乡"特色，保障地方经济社会发展、提升法治社会和法治政府水平、推动国家治理体系和治理能力现代化。引导市内大型工业企业、高新企业参与立法工作，听取意见、收集需求。利用工作网络引导《区域全面经济伙伴关系协定》（RCEP）成员国企业来江门投资。协同司法机关和司法行政部门依法加大知识产权和民营经济的保护力度，打造市场化、法治化、国际化营商环境。接下来，江海基层立法联系点将为华侨华人、港澳同胞开设法律法规意见征集"专场"，定期组织、参与涉侨座谈会，开展专题性的摸底调查，及时了解侨胞群体的困难和意见，培育侨胞参与立法活动的意愿，及时收集侨胞法治需求。此外，还将创造条件让侨胞积极推荐和传播祖国传统文化、社会主义制度优势、经济发展成就，在海内外侨胞群体中讲述家乡故事，激发他们的民族自豪感和自信心。

推动立法联系工作再上新台阶

一年多来，江海基层立法联系点的建设和发展还存在一些不足，与全国人大常委会法工委、省委省人大、市委市人大、区委的要求相比，与广大基层群众的期待相比，仍有差距。比较明显的问题是，意见征集专业化水平有待提升，工作网络需要优化升级和提质增效，侨胞群体参加立法活动的意愿有待培育等，这些需要在今后工作中逐步解决和改进。

江海基层立法联系点将以习近平新时代中国特色社会主义思想、习近平法治思想为指导，继续组织学习、贯彻落实党的十九届六中全会精神、中央人大工作会议精神、习近平总书记关于基层立法联系点的重要指示精神，认真学习领会全过程人民民主重大理念，深入思考怎么在基层立法联系工作中更扎实推进全过程人民民主。坚持立足"侨"资源、突出"侨"特色，用好用足江门与港澳地缘相近、人缘相亲的优势，充分发挥汇聚民意民智"直通车"作用，努力建设成为"以华侨华人、港澳同胞为桥梁纽带，向世界传播中国民主声音、讲述中国法治故事、介绍中国发展成就的窗口"。

江海基层立法联系点要继续深刻把握"两个确立"的决定性意义，心怀"国之大者"，自觉增强"四个意识"、坚定"四个自信"、做到"两个维护"，把党的领导贯彻到联系点建设和发展的全过程、各方面，建成高水平的"国字号"基层立法联系点。

下一步，江海区将继续深入学习贯彻习近平法治思想，特别是习近平总书记关于基层立法联系点的重要指示精神，严格落实《全国人大常委会法制工作委员会基层立法联系点工作规则》，继续强化队伍建设，加强平台建设，不断完善机制，夯实基础，提升素质，以打造特色品牌为抓手，充分发挥侨乡特色。推动立法联系工作再上新台阶，力争步入全国基层立法联系点前列。

在家门口参与民主立法
——广东江海探索基层立法联系点建设的生动实践

作者：李睿宸　吴春燕

来源：原刊于《光明日报》2022 年 7 月 9 日

"基层立法联系点的最大意义或许在于让更多群众明白，立法不是高高在上的，而是每个人都能触手可及。"在全国人大常委会法工委组织的线上地方立法培训班上，广东省江门市江海区人大常委会主任余志坚关于基层立法联系点实践经验的分享，受到不少关注。

从 2020 年 7 月江海区人大常委会被确定为广东省第一个全国人大常委会法工委基层立法联系点，到如今完成 42 部法律法规草案的意见征集，上报 549 条意见建议，其中 70 条被采纳，江海基层立法联系点架起了基层群众与最高国家立法机关之间的"桥梁"，让全过程人民民主在南粤大地上焕发出别样的生机与活力。

一、让立法这件大事在群众生活中更常见

家住江海区的麦棠有着多重身份，他既是一名老党员，也是一名退役军人，同时还是江海区的一名立法意见义务收集员。热忱开朗的性格让他与社区居民"打成一片"，大家都亲

切地叫他"棠叔"。"我平时利用跟街坊们聊天的机会收集立法意见，再原原本本地反映上去。"麦棠说。

为了收集到最广泛、最真实的民意，江海基层立法联系点创新立法意见征集模式，率先在社区组织"立法意见义务收集员"。"我们中有社区退休人员、党代表、人大代表、律师等，来自各行各业，平日里我们走访社区、深入厂企，把一件件'接地气'的立法建议收集起来。"麦棠说，自从成为立法意见义务收集员，他几乎见证了每一次立法意见征询，"对我们老百姓来说，立法不再是一件高高在上、遥不可及的事情，而是能够看得见、摸得着的"。

麦棠清晰地记得，在《广东省实施〈中华人民共和国律师法〉办法》草案征求意见时，他觉得"律师执业期间因过失犯罪受到刑事处罚，正在服刑的，由地级以上市人民政府司法行政部门收回其执业证书，服刑期满后予以返还"这一条对律师重新执业的要求过于宽松，建议参考机动车驾照申领有关规定作修改。

"我并不太懂法律，但因为工作关系，我知道货车司机交通肇事后不但要服刑，还会被吊销驾照，需重新考驾照才能上岗。律师过失犯罪服刑完毕后若想重新执业，也应该有相应的程序，不能这么简单。"麦棠说。最终，这条建议被采纳，《广东省实施〈中华人民共和国律师法〉办法》正式公布施行时已将该条款进行修改。

在江海区，随着民主立法观念的深入人心，无论七八十岁的老人，还是仍在上小学的儿童，都可以为法律的完善贡献经验或提出新鲜的意见。"居民们在每次立法意见征集活动中或紧张激动，或赞扬期许，凡此种种，都让我看到'全过程人民民主'理念在江海区的生动实践。"江海区江翠社区党支部书记陈凤鸣说。

成立包括街道办、区直部门、村委会、商会等在内的 59 个立法联系单位；建立 105 名学者组成的立法联系咨询专家库；与全省 20 家省级基层立法联系点建立沟通联系渠道……为更好地体现民意、集中民智，江海基层立法联系点不断扩大民意收集的范围，将联系"点"扩大成"面"，形成了立足江海、覆盖全市、向全省辐射的联系网络，真正成为基层群众与国家立法机关之间的"桥梁"。

二、让基层声音到立法机关的"血脉"更畅通

2021 年 4 月，反食品浪费法表决通过，这让江海区的居民十分激动，因为他们的"金点子"被吸纳进了法律中。

早在 2020 年，江海基层立法联系点刚成立不久，便接到了全国人大常委会法工委的一项任务——征求餐饮浪费有关立法工作意见建议。得知能够为国家立法提建议，江海区江翠社区的居民们参与积极性非常高，大家在小广场上你一言我一语，讨论热烈，都希望能为法律的制定"出谋划策"，一旁的

省人大代表时不时地将这些好主意记录下来。

在反食品浪费法立法调研阶段，为了能更广泛地收集基层意见建议，江海基层立法联系点将征询意见座谈会开到了社区、酒楼、政府机关等地，并最终向全国人大常委会法工委上报了8大类26条意见建议，其中就包括江翠社区居民的建议——为了激励节约粮食，餐饮服务提供者可以对造成明显浪费的消费者，收取处理厨余垃圾相应费用；对践行"光盘行动"和自觉打包的给予折扣优惠或其他奖励。而这条来自基层的声音，最终被写入了正式颁布实施的反食品浪费法。

走进葡萄种植园、水产养殖企业、新会陈皮采摘园等收集一线群众对农产品质量安全法修订草案的意见建议；开展视频"云对话"，全国人大常委会法工委直接同江海区的基层群众讨论立法项目；充分利用社区公告栏、网站、微信、在线视频等发布法律法规草案，征求立法意见建议……江海基层立法联系点充分发挥扎根基层、面向群众的优势，了解民意、反映民声、集中民智，把群众意见建议"原汁原味"反馈给国家立法机关。

"我们坚持将人民当家作主落到实处，使国家立法机关在法律草案的立项、起草、调研、审议、评估、宣传、实施等立法全过程、各环节都能参考到群众'原汁原味'的意见建议，让老百姓感受到最广泛、最真实、最管用的社会主义民主。"余志坚说，"我们还邀请了区人大法制委员会委员、律师代表等共同研究探讨各类群体对法律草案提出的意见建议，请他们把关以保证征求意见的质量。"

三、让立法联系点发出的"侨乡声音""湾区声音"更响亮

江门是我国著名侨乡，祖籍江门的华侨华人和港澳台同胞近 400 万，分布在全世界五大洲 122 个国家和地区，有"海内外两个江门"的美誉。

"广大港澳同胞、海外华侨也是践行全过程人民民主的重要力量。"余志坚说，江海基层立法联系点在工作中特别重视侨乡侨情，发挥侨乡优势，维护侨胞利益。

与江门市侨联建立合作关系；将江门市侨商总会等设立为立法联系单位；定期邀请海外侨团组织参加基层立法联系活动；向本地侨胞、港澳同胞发放调研问卷，了解侨胞的法治需求、政策需求……在江海区，港澳同胞、海外华侨参与立法完全没有障碍——无论是地方立法，还是国家立法；无论是立法前民意征询，还是立法后评估，只要愿意，都可以"全过程参与"。

"我们通过开展立法调研、座谈会、专题走访等形式广泛收集侨胞、港澳同胞的意见建议，畅通侨胞、港澳同胞参与国家立法的渠道。"余志坚说，例如，我们积极配合《江门市华侨华人文化交流合作促进条例（草案）》的意见征集工作，推动江门市华侨华人文化交流合作高质量平台建设。

"普通民众参与立法活动，更好地保护了公民合法权益，做到了科学立法与民主立法相结合。"澳门江门同乡会常务理事、江门顺兴吸塑厂有限公司董事长林碧芸曾受邀参与基层立法联系点活动，她说，作为企业家，最看重的就是营商环境，而法治就是最好的营商环境。

　　江海基层立法联系点办公场所的选址十分讲究——火炬大厦二楼。记者了解到，距离联系点仅一层之隔，就是华侨华人创业创新基地——侨梦苑。此外，火炬大厦旁就是江海政务服务中心，周边还分布了不少高新技术企业。"把立法联系点设在这里，既便于接触到侨胞，又利于及时收集高新企业意见建议；既便于听取各界群众意见诉求，也利于开展法治宣传教育。"余志坚说。

答好"五题"，为基层立法联系点工作"充值赋能"

作者：易　立

来源：原刊于"全国人大"微信公众号 2022 年 8 月 19 日

2020 年 7 月，江门市江海区人大常委会被确定为全国人大常委会法工委基层立法联系点，这是广东省唯一的"国字号"基层立法联系点。两年来，江海基层立法联系点认真学习领会、深入贯彻落实习近平法治思想和习近平总书记重要指示精神，在立法意见征集工作中扎实践行全过程人民民主重大理念，在推进民主立法的实践中解答五项工作课题，逐渐总结形成了一系列工作经验——"根"在基层、"魂"在特色、"体"在制度、"相"在传播、"梦"在有为，为基层立法联系点工作"充值赋能"，有力保证了国家立法"直通车"高效运行。

一、基层立法联系点的"根"在基层，在广大人民群众的沃土之中

江海基层立法联系点在江门市范围内设立了 59 个立法联系单位，包括村（居）委会、人大代表联络站、高新企业、行业协会（水产、葡萄、腊味、陈皮）、市侨商总会，建立了一支由 350 名社区居民、企业职工、机关干部组成的信息员队伍，工作网络扎根于社会生活各方面，触角延伸到老百姓身

边，做到了接地气、聚民智，将基层声音融入立法，让法治精神浸润社会。

在江海区江翠社区，77岁的麦棠是居民熟识的热心人。担任江海基层立法联系点信息员以来，他把退休生活安排得满满当当，街坊邻居跟他打招呼最常说的是："棠叔，又来收集意见啦？"反食品浪费法草案征集意见的那段时间里，棠叔忙得不亦乐乎，张罗着社区居民聚拢在榕树下讨论法律草案，还主动请缨担任主持人。讨论结束后，棠叔亲手誊写大家提出的意见，郑重交给联系点工作人员。反食品浪费法颁布实施后，江翠社区反映的多条意见在法律中都有体现。棠叔自豪地说："对我们老百姓来说，立法不再是一件高高在上、遥不可及的事情，而是能够看得见、摸得着的。"

江海区是广东省推进乡村振兴战略的优秀单位。在征集对农产品质量安全法修订草案的意见时，江海基层立法联系点发动农业口的信息员走进葡萄种植园、水产养殖企业、新会陈皮采摘园，访谈农户、解释法条、收集意见，并组织农户代表参加了全国人大农委、宪法法律委、常委会法工委召开的视频会议，就农产品储存环节规范管理、水产品质量安全等问题提出意见，田间地头"原汁原味"的声音直通北京。

江海区是国家级高新区，科学技术进步法修订草案的征集意见工作得到区内高新企业的热烈响应和充分讨论，江门外商投资企业协会代表企业界提出关于"完善对科学技术人员实行股权、期权、分红等激励措施，提高科学技术人员的待遇，激发科学技术人员的创新创造活力"的意见，最终在修订后的该法第六十条第三款中得以完整体现。

全过程人民民主的本质属性，在于广泛的人民性。基层立法联系点要保持蓬勃旺盛的生命力，必须扎根基层，在保障全链条、全方位、全覆盖的民主方面想办法，在推进最广泛、最真实、最管用的社会主义民主方面下功夫。

二、基层立法联系点的"魂"在特色，融汇了地方特色的立法才是健康灵动的

江门是全国著名"侨乡"，与港澳地缘相近、人缘相亲，归侨侨眷和海外侨胞的资源丰富，有"海内外两个江门"的美誉。两年来，江海基层立法联系点加强与统战、侨务部门的工作联动，发挥区人大侨务代表专业小组、区政协港澳委员和侨眷委员、香港澳门江门同乡会的作用，邀请海外侨团代表参加联系点活动，走访慰问区内侨资企业，培育华侨华人和港澳同胞参与立法活动的意愿和积极性。

2021年12月，江海基层立法联系点组织专题问卷调研，了解侨胞群体的法治需求、政策需求，形成《华侨华人、港澳同胞有关情况的调研报告》。调研结果显示，多数侨胞有兴趣、有意愿参加基层立法联系点的活动，期待出台的法律法规和政策集中在"民生便利""创业优惠""出入境便利"等领域。同

时，江海基层立法联系点还协助有关部门研究现行法律法规和政策，积极参与推动"侨捐物资"管理、侨胞子女报考普通高校的身份确认、华侨在农村宅基地权益等侨胞"急难愁盼"问题的协调和解决。

江门在打造国家市域社会治理现代化标杆城市过程中，高度重视提升党建引领基层治理效能，江海基层立法联系点积极参与其中，推动区内的立法联系单位、人大代表联络站、社区议事委员会协调行动、"抱团"议事，发挥"1+1+1>3"的合力，做细做实网格化管理工作，推动立法意见征集、群众议事与基层治理深度融合。例如，江翠社区议事委员会负责人既是区人大代表，又是立法联系点信息员，委员会组成人员包括了律师、教师、退休工人、小店主。议事委员会在制止餐饮浪费、文明养犬、家庭教育、道路拥堵整治等立法意见征集中，广泛讨论、凝聚共识，涵养社区居民法治意识。近年来，该社区治安环境良好，无重大刑事案件、重大消防安全事故和群体性上访事件发生，基层立法联系点引导群众在基层治理中发挥聪明才智和"主人翁"精神，为提升基层治理效能贡献鲜活实践。

目前，全国基层立法联系点的设立和布局，兼顾了特点各异的省情、区情，能够广泛覆盖诉求多元的各类群体。基层立法联系点结合地方特色参与立法工作，收集所在地对地方治理特殊问题的阐释和表达，推动解决地方特殊矛盾、发挥地方特殊优势、反映本地特色治理的有益经验，是基层立法联系点的重要工作经验之一。

三、基层立法联系点的"体"在制度，必须依托制度的力量强健筋骨

人民代表大会制度是实现我国全过程人民民主的重要制度载体，也是基层立法联系点建设和开展工作的制度遵循。两年来，江海基层立法联系点始终坚持和完善人民代表大会制度，夯实工作基础。区人大常委会在 2021 年 11 月挂牌成为"江门人大全过程人民民主实践基地"，并将在 2022 年内完成联系点活动中心二期工程建设，新增 200 多平方米的功能区域作为代表中心联络站。届时，五级人大代表会聚在江海基层立法联系点交流和履职，与基层群众共商立法，为群众解决问题。

江海基层立法联系点既是服务国家立法工作、了解国家法治动态的窗口，也是区人大常委会行使职权、做好人大各项工作的平台。近两年来，围绕优化营商环境支持服务经济高质量发展、全面落实新冠肺炎疫情防控措施、加强国有资产管理情况监督等关系江海发展大局的若干重大事项，江海基层立法联系点组织多方论证，广泛听取意见，协助区人大常委会依法作出相关决议和决定；围绕食品安全、社保养老、教育文化、医疗卫生等民生热点问题，江海基层立法联系点发动信息员收集监督议题和民生实事项目，协助区人大常委会开展监督，让

"政府干的"和"群众盼的"精准合拍；江海基层立法联系点推动立法联系单位和代表联络站配合开展活动，打造了"榕树下议事""云接待"等代表活动名片，并积极参与全市首创的"动态征集、层级分流、流程再造"代表建议办理机制，不断丰富全过程人民民主的江海实践。

江海基层立法联系点重视工作平台的规范化建设。江海区人大常委会党组讨论通过《立法联系点工作制度》《立法联系工作职责》等规范性文件，不断强化联系点的组织建设、功能拓展和作用发挥。江海基层立法联系点自主建设的江海法治广场成为江门市的法治城市地标、"网红"打卡地，区人大常委会邀请和督促市直、区直各部门制定法治广场普法活动计划，定期开展以宪法为核心的各领域法治宣传活动，用足用好普法阵地。

基层立法联系点的工作有力推进了立法精细化，是新时代中国发展全过程人民民主的生动实践，成为人民代表大会制度充满活力的象征。今后，江海基层立法联系点要继续发挥好根本政治制度的引领功能、工作制度和阵地平台的支撑作用，为基层群众有序政治参与、增强法治意识提供务实有效的制度保障。

四、基层立法联系点的"相"在传播，自信笃定地强化宣传功能、发挥窗口作用

基层立法联系点是做什么的、能发挥什么作用？这是江门基层群众和海内外侨胞第一次接触联系点工作时的疑问。江海基层立法联系点从建立伊始，就敢于给自己"画像"、为自己"推广"，在务实专业工作的基础上，不断扩大知名度和影响力。

两年来，江海基层立法联系点充分利用 5000 平方米法治广场和 1200 平方米活动中心的优良环境，举办多场人大代表和公职人员宪法宣誓仪式、"12·4"国家宪法日宣传、民法典宣传月等活动，以及学法座谈会，人大代表培训会，法律法规进企业、进校园、进军营活动。江海基层立法联系点积极借助媒体发声，向海内外介绍江门和江海，宣传中国立法成就和全过程人民民主实践。

广东道生科技股份有限公司总裁、江门市侨商总会副会长李本立在香港创办了自己的第一家公司，目前在江门经营一家研发生产销售改性工程塑料的公司。从小家电到电动汽车零部件，该公司生产的塑料几乎是每一种日常用品的基本原料。2021 年 11 月，江海基层立法联系点邀请李本立接受中国国际电视台（CGTN）《今日世界》栏目专访。他说，在江门的制造供应链和政府激励措施中看到了巨大潜力，"江门拥有强大的工业基础，以及受广东、香港和澳门影响的多元文化，还有来自北方的劳动力"。更为重要的是，江门与华侨华人的联系，使其不仅是经商的理想场所，而且还是政府发掘相关立法线索的宝库。李本立在参与科学技术进步法修订草案征集意见时，和公司研发团队多次讨论法律草案直到深夜，他表示："我们希望该法律将为我们的研究提供更有力的保护，为行业提供更多的资源，以及为高科技人才提供更好的奖励和认可。"李本立还特别提到了香港特别行政区维护国家安全法和反分裂国家法，认为江海基层立法联系点"是一个很好的交流思想和纠正误解的窗口，我们在这里加深了对这两部法律的认识。我们经常与香港的朋友和相关团体讨论这些法律的意义，希望他们能理解，'自由'是指企业能增长发展、人们生活幸福快乐的稳定状态"。李本立的专访报道播出后，在海内外反响热烈，中国驻瑞士大使馆关注并转发，江门侨胞自信、向上的精神面貌得以充分展示。

基层立法联系点是新时代实践和发展全过程人民民主的生动写照，应当有意识地向国内外生动地展示自己的工作，让人民了解我们是什么、在做什么。地处对外开放前沿的江海基层立法联系点，更要自觉担当，积极发挥向世界传播中国民主声音、讲述中国法治故事、介绍中国发展成就的窗口作用。

五、基层立法联系点的"梦"在有为，在国家和地方发展中不断进取、担当作为

江海区内的中高端制造业、高新技术企业众多，进出口贸易活跃，近年一直是江门市经济发展的重要引擎。两年来，江海基层立法联系点擦亮高新品牌、发挥地方优势，注意引导区内的大型工业企业、名优企业发挥行业领军和桥梁纽带作用，就科学技术进步法（修订）、突发事件应对法、民事强制执行法等草案，收集工业界、高新技术研发机构、企业职工的立法意见建议，在国家发展大局中，扎实推进全过程人民民主。

江海基层立法联系点积极参与江门市"侨都赋能""港澳融合"重点工程。在江海联系点的参与和推动下，江门国际仲裁中心落户江海区，广州知识产权法院、华侨华人离岸公共法律服务中心在江海法治广场周边设点办公。目前江海区已初步形成以江海基层立法联系点为中心、500 米范围内集聚了立法、司法、仲裁、公共法律服务、普法宣传、法治教育等丰富元素的大型"法治超市"，有力保障地方经济社会发展、提升法治政府水平、推动国家治理体系和治理能力现代化。

2022 年 2 月，广东省人大常委会主任黄楚平同志在江门调研时指出，要继续推进江海基层立法联系点建设，应当辐射粤港澳大湾区、面向全广东。虽然江海基层立法联系点地处基层，但应当有宏阔的梦想，要与最高国家立法机关保持"声气相通"，在国家立法全过程中及时准确反映湾区意见、广东声音；同时，江海基层立法联系点更要立足当地实际，主动融入地方发展大局，结合地方发展需要规划工作、担当作为，才能始终葆有生命力。

江海基层立法联系点将坚持把党的领导贯彻到联系点建

设和发展的全过程、各方面，总结好创新经验，答好工作课题的新答卷，争创务实高效的实绩，持续固根、聚魂、强体、亮相、逐梦，为建设高水平的"国字号"基层立法联系点进一步"充值赋能"，推动全过程人民民主实践提质增效。

江门江海擦亮广东唯一"国字号"基层立法联系点招牌
"侨乡声音"搭上基层立法"直通车"

作者：张泳渝

来源：原刊于《南方日报》2022年12月23日

基层在行动

"祥叔，您为国家农产品质量安全法提供的意见被采纳了！"在江门市江海区外海街道直冲村的广场上，区人大代表、直冲村党委副书记陈雨旺告诉村民陈炳祥这个好消息。此前，作为立法联系单位的直冲村召开征集意见活动，陈炳祥提出加大农产品质量安全违法者的违法成本的意见。

全过程人民民主是社会主义民主政治的本质属性，是最广泛、最真实、最管用的民主。党的二十大报告提出"支持和保证人民通过人民代表大会行使国家权力""健全吸纳民意、汇集民智工作机制，建设好基层立法联系点"。江海区紧紧抓住全省唯一的全国人大常委会法工委基层立法联系点建设这一"牛鼻子"，坚持"四个注重"，创新建立"八步流程工作法"，确保基层声音"原汁原味"反馈到国家立法机关，为新时代基层立法联系点践行全过程人民民主提供一份内容丰富、形式多样的答卷。

问计于民

搭建民意"连心桥"

"我建议优化农村的无障碍设施，方便农村残疾人出行。"礼乐街道威东村的残疾人代表吴腾信建议。11月初，全国人大常委会法工委向江海区人大常委会下发了《中华人民共和国无障碍环境建设法（草案）》征求意见。江海基层立法联系点根据法律草案特点，征求了特定领域部门和专家的意见建议。在联合江海区残联共同组织的意见征集座谈会上，基层立法联系点广泛听取了残疾人的意见，了解残疾人出行的现状与困境。

基层立法联系点不仅要服务立法工作，同时也是法治宣传、提升群众法治素养的重要阵地。日前，在江海区江南街道江翠社区"百姓说法广场"，开展了一场别开生面的居民论坛，社区群众在学习了解无障碍环境建设法后，对无障碍环境建设法的内容各抒己见，对城市无障碍建设提出了很多宝贵的意见。

为更好地体现民意、集中民智，江海不断扩大民意收集的范围，将联系"点"扩大成"面"。今年，江海区将原有的57个立法联系单位扩充到59个，并扩充了立法联系咨询专家库，将原有的33名专家扩充至118名不同领域的学者组成的立法联系咨询专家库，重新确立了57名立法联络员和350名信息员构成的立法联系工作队伍。

人民有所呼，立法有所应。"在收集记录好每个群众的意见后，信息员将意见整理归纳，形成材料上报联系点。"江海区人大常委会有关负责人介绍。

为了确保基层立法联系点工作全过程、各环节都能听到人民呼声，体现人民意愿，江海基层立法联系点在工作实践中总结形成了"八步流程工作法"。从法律法规草案收文、方案制定，到意见征集、意见整理、材料撰写、报告审定，再到意见上报、资料归档，江海基层立法联系点实现了立法意见征集工作"一条龙"。

自成立两年多来，江海区"国字号"基层立法联系点共完成 51 部法律法规草案的意见征集，上报 946 条意见，104 条被采纳，同时完成 6 部调研报告和立法建议；完成全国人大常委会法工委下发的 28 部法律草案意见征集，上报 729 条意见。

侨乡特色
在国家立法中反映"侨乡声音"

今年，为充分发挥"侨乡特色"，江海区新增"侨梦苑"和江门市侨商总会两个涉侨单位为立法联系单位。目前，江门市侨商总会已参加过妇女权益保障法（修订草案）、民事强制执行法（草案）、行政复议法（修订草案）等 10 部法律草案的意见征集。

"作为港澳人士，我对国家愿意倾听基层的声音、践行民主立法感到骄傲。"江门市侨商总会副会长、秘书长崔渌芹表示，"站在侨商总会的角度，我希望能把更多华人华侨、港澳同胞的声音传递到国家立法机关。"

江海基层立法联系点作为广东省唯一的"国字号"基层立法联系点，不仅是江门市的联系点，更是广东省甚至整个大湾区在民主立法、全过程人民民主的重要实践。

2022年11月，江海基层立法联系点针对《中华人民共和国行政复议法（修订草案）》，邀请20多个与行政复议相关的机关单位，以及立法联系咨询专家、江门市律师协会参与了意见征集活动。其中，德恒（深圳）律师事务所会同深圳市律师协会宪法和行政法专业委员会主任刘南筠，组织业内专家深入研究本次修订草案并提出了大量意见；暨南大学法学院教授邱新、华南理工大学法学院的立法学教研组以及五邑大学都对本部修订草案提出了详细的意见。

这是江海基层立法联系点首次在江门市以外正式伸展"触角"，通过市外专家和省内高校教授，聆听大湾区及广东省的"立法声音"。

"今后，江海基层立法联系点将继续发挥民主立法'直通车'的作用，不断发挥特色，扩展网络，继续向全国人大反映'湾区声音''广东声音''侨乡声音'。"江海区委副书记、区人大常委会党组副书记李敏说。

谁在参与立法？首次"指名道姓"感谢的背后

作者：蒋敏玉　余颖欣

来源：原刊于《南方周末》2023年2月26日

"自1954年制定宪法面向公众征求意见以来，这样公开具名从来没有过。"全国人大常委会法工委"点名道姓"感谢立法参与者后，一位曾在全国人大常委会工作多年的部级官员表示做法具有标志性意义。

2022年12月25日，全国人大常委会法工委发言人臧铁伟例行对外通报社会公众对法律草案意见时，首次公开了提出意见的公民姓名和基层立法联系点。

通报显示，来自广东的毛红波、内蒙古的王春红、浙江的王世杰等，对野生动物保护法修订草案提出的意见，被纳入修订草案三审稿中。

《中国人大》杂志的报道亦称，这是法工委发言人第一次具名对提出意见的公民和基层立法联系点，以及吸收采纳的具体情况进行反馈。

接受《南方周末》记者采访时，臧铁伟表示，法律草案征求意见情况应向社会通报是立法法的明确要求，也是法工委设立发言人机制以来，例行发布的主要内容之一，只不过以往没有具名，只用"有的提出""有的建议"，不够具体。

此次具名介绍是一种探索，"就是为了更好体现对公众意见的重视，积极践行全过程人民民主"。臧铁伟说，接下来，这一做法将延续下去。

建议来自生活

尽管通报未直接点出自己名字，70 岁的唐桐训依然很高兴。

"我的付出是值得的。"唐桐训说，他所在的基层立法联系点被全国人大常委会法工委点名感谢，因为有几条意见被吸收进野生动物保护法修订草案三审稿，其中一条就是他提的。

建立基层立法联系点制度是党的十八届四中全会提出的。2015 年 7 月，全国人大常委会法工委将上海虹桥街道办事处、甘肃省临洮县人大常委会等 4 个地方和单位，设为首批试点的基层立法联系点。

2015 年 12 月，广东省江门市江海区人大常委会成为省级基层立法联系点不久，因为经常参加社区组织的红色景点参观活动，退休在家的唐桐训成了立法意见义务收集员，负责从社区居民处收集立法意见、搜集资料，汇总提交给基层立法联系点。

2020 年 7 月，江海区人大常委会被确定为全国人大常委会法工委基层立法联系点。4 个月后，该联系点受全国人大常委会法工委委托，对野生动物保护法修订草案征求意见。

在此之前，唐桐训给广东省或全国人大常委会法工委委托联系点征集意见的每部法律草案都提过意见，从来没接到被采纳的通知。

2020 年 11 月，江海区江翠社区书记陈凤鸣在唐桐训所在的"立法意见交流群"更新了一则消息，号召对野生动物保护法修订草案提修改意见。唐桐训将意见发在了聊天群里，其中一条就是"鼓励社会公众参与野生动物保护工作"。

关注野生动物与唐桐训的个人经历分不开。唐桐训至今记得，1961 年冬天的一个晚上，睡梦中，8 岁的他被一声惨叫声惊醒，一只老虎跳进天井，叼走了一头受惊的家猪。之后几十年，老家湖南省永州市宁远县的山区里，连同老虎在内，豹子、野猪、野牛等野生动物的身影逐渐消失，这让他百感交集。

拿到草案后，唐桐训习惯性地对相关的立法文件、实践情况作了解，他发现，专业的野生动物保护员只是少数，觉得保护野生动物的工作需要更多人参与进来。

提交给基层立法联系点的建议中，唐桐训写道：只有全民提高整体素质和素养，共同具有保护野生动物的自觉意识和责任感，才能真正实现"野生动物保护法"的目的和真正实效。

两年后，臧铁伟在公开通报中提到，"基层立法联系点广东省江门市江海区人大常委会和一些社会公众建议增加野生动物保护管理信息公开、鼓励社会参与的内容，经综合研究，在修订草案三次审议稿中增加……"

这意味着，唐桐训的建议和江海基层立法联系点提交的其他公众建议一同被吸纳。

江海区人大常委会工作人员李艳华告诉《南方周末》记者，这也是基层立法联系点第一次收到来自全国人大常委会法工委的公开反馈。2023年1月，江海人大发布的推文中确认，"鼓励社会参与"的建议出自唐桐训。

难以确定由谁提出

在此之前，提意见者很少知道自己的意见是否被采纳。

曾在全国人大常委会工作的那位部级官员告诉《南方周末》记者，立法草案征求意见过程中，提出意见的群体庞大，渠道多样，很难确定哪一条具体采纳了谁的意见，这也是过去法工委未曾具名反馈的原因之一。

在全国人大常委会法工委具名公开前，李艳华和江海基层立法联系点的同事们要确定提交的立法意见是否被采纳，只能将其与正式法律条文一一对比。

"以前我们也给全国人大常委会法工委提过建议，希望他们能给予吸纳意见反馈，但他们工作量太大。"李艳华觉得遗憾的是，自2020年被确定为"国字号"基层立法联系点后两年多，江海基层立法联系点共完成51部法律法规草案的意见征集，上报全国人大常委会法工委近千条立法意见，吸纳与否始终未获得官方反馈。

全国人大常委会那位前官员向《南方周末》记者解释，每部法律从起草到提请审议的主体可能不同，但最终都需要提请全国人大常委会审议，一审过后的修改和征求意见工作由法工委负责，"以婚姻法为例，民政部起草并提交一审后，草案由法工委发到人大网上征求意见，同时召开若干座谈会、研讨会，进行实地调研。过程中，参考各方意见，相关法律科室会进行修改，提交委务会再次讨论，明确修改意见后，草案将提交宪法和法律委员会逐条审议"。

全国人大常委会法工委原副主任阚珂曾在书中介绍过慈善法的修法经过，从初次审议到表决通过，159天里，法工委共举行了近20次调研和座谈，收集公众意见2493条，来信16封，草案及修改稿先后经法律委员会、全国人大常委会委员长会议等审议十余次。

"一个具体部门就十几个人，工作量太大。"全国人大常委会相关人员告诉《南方周末》记者，为了降低工作量，群众意见通过人大网提交后，后台系统会对意见进行整合筛选，同时，为方便审议，提交给委员会和委员长会议的意见也都经过整理，选择意见最集中、判断最重要的提交，"不能上万条意见都拿上去，那什么时候能看完？"

从另一方面来看，这也意味着提出立法意见的当事人可见度下降。

"很多采纳意见难以确定由谁提出，即便能确定，条文用意和意见本身出入很大，或是出自很多人意见的杂糅，也很难说完全是某个人的。"该工作人员记得，此前有一位北京大学的副教授，多次在某部法律草案修改的座谈会上提出深刻意见，后来他告诉对方意见被采纳了，但这位教授翻遍条文也没有找到自己的意见。

"可以说，修法过程中，一条立法意见会不会被采纳，通常取决于立法机构，或者说法工委的衡量和判断，最终是否会被法律吸收，则由人代会或常委会表决决定。"前述工作人员说。

多位向全国人大常委会法工委提交过意见的个人向《南方周末》记者表示，未收到过立法意见吸纳反馈或是书面回复。

但在公开报道中，未成年人保护法的修订是个例外。

2021 年 5 月，全国人大常委会法工委社会法室主任郭林茂接受集体采访时透露，2019 年 10 月，未成年人保护法修订草案一审稿在网上征求意见后，一个月内，共收到了 19028 位未成年人提出的意见，占网上意见总数的 44%。

郭林茂提到，对于其中有具体联系地址的两个意见，法工委给予过书面回复，它们分别来自四川成都双流区的一名高三学生，和北京市朝阳区一名小学生。

2020 年 7 月，《中华人民共和国未成年人保护法（修订草案）》再次面向社会征求意见。

二审稿征求意见期间，2020 年 8 月，法工委还通过上海虹桥基层立法联系点，直接听取华东政法大学附中学生的意见。郭林茂介绍，网络连线会上，针对监护人不尽监护责任，可以责令缴纳保证金，如再违反则没收保证金这条规定，有同学提出，家庭经济条件不同，经济处罚会加重家庭负担，不利于未成年人成长。

两个月后，法工委为华东政法大学附属中学寄来一封感谢信，信中写道，"所提部分建议已予采纳"。

"破冰"

"具名点出相关个人，是对其所提供意见建议的直接反馈，意在向参与立法的公民表达感谢，同时鼓励社会公众多多建言献策。"

臧铁伟告诉《南方周末》记者，法律草案公开征求意见时，提意见公民可以选择是否具名，此次通报中具名介绍的只是部分，他们来信或在网上提交意见时，都主动提供了个人真实姓名，且意见对立法工作具有较高参考价值。

新中国历史上，全民参与立法可以追溯到 1954 年第一部宪法的制定。

已故法学家许崇德是新中国宪法学奠基人之一，他在《中华人民共和国宪法史》一书中提到，宪法草案初稿制定后，曾分发给政协全国委员会、中央及地方各领导机关等学习讨论，初步统计，参加人数达 8000 多人，积累了 230 万字意见记录。随后又在人民群众中进行近 3 个月的意见征集，共有 1.5 亿多人参加讨论，整理出 118 万多条修改意见。

但公开征求意见的做法后来中断。改革开放后，向社会公布法律草案、征求意见的工作逐步恢复，并被写入法律。

九届全国人大任期内，土地管理法、村委会组织法、合同法、婚姻法 4 部法律草案都被公开征求意见，交付全民讨论。

阚珂在一篇回忆立法"三审制"如何确立的文章中提到，1998 年是第九届全国人大开局之年，当年的委员长会议就立法工作明确了 6 个问题，其中包括，常委会审议法律草案实行"三审制"，即草案一般经三次常委会会议审议后，再交付表决；一些重要的法律草案要向社会公布，广泛征求意见；以及加强立法调研，直接听取地方和人民群众对法律草案的意见。

1998 年 5 月 7 日出版的《光明日报》刊载了一则有关土地管理法修订草案征求意见的通知，当中提到，除相关部门委员会召开座谈会、各地人大常委会征求意见外，各界人士可以将意见直接寄送地方人大常委会或全国人大常委会法工委，媒体单位也需对讨论情况、意见进行报道。土地管理法一审草案公布后，共收到人民来信 675 件，其中来自单位的意见 173 件，来自公民个人的有 502 件。

2001 年初，经过 5 年规划，婚姻法修正草案面向社会征求意见。同年 5 月 12 日答记者问时，时任全国人大常委会法工委副主任胡康生提到，这次征求意见中，公众对原婚姻法的绝大多数条款都提出了意见，婚姻法修正草案成为当时参与立法人数最多、提出意见最广泛的一部。

十一届全国人大任期内，常委会委员长会议作出决定，为进一步推进科学立法、民主立法，以后经全国人大常委会审议的法律草案，一般都予以公开，广泛征求意见。

十二届全国人大产生后，法律草案公布工作进一步改进，不再只就初审稿向社会公布并征求意见，消费者权益保护法、环境保护法、预算法等法律草案的二审稿也面向社会公布，再次征求民意。

但直到这时，全国人大常委会法工委仍被视作"隐性立法者"，其在征询、吸纳意见方面的工作长期在幕后完成，对社会公众的透明性较低。

2019 年，全国人大常委会法工委发言人制度建立，每次发言人例行记者会上，发言人都会集中反馈法律草案向社会公布征求意见情况，逐一介绍人民群众对相关法律草案提出意见建议的数量、关注重点和采纳情况。

但在以往，法工委例行通报时，参与立法的"人"都被湮没了，看不到谁在参与、如何参与。

直到 2022 年底，"点名道姓"表示感谢才开始"破冰"，给立法提建议者也走到了台前。

创新高

过去 5 年，十三届全国人大及其常委会立法工作的一大特点是数量多。截至 2023 年 2 月中旬，共制定法律 47 件，修改法律 111 件，作出法律解释 1 件，通过有关法律问题和重大问题的决定 51 件。

杨合庆是全国人大常委会法工委立法规划室主任，他告诉《南方周末》记者，从参与人数和提出意见数量来看，本届人大亦创下历史新高，发展全过程人民民主取得了新成绩。

全国人大常委会法工委提供的数据显示，过去 5 年，全国人大常委会法工委共就 141 件次法律草案公开征求意见，相较十二届的 82 件次，增长 65%；参与征求意见的人次超过 108 万，提出意见建议 330 多万条，相较十二届数据增长均在 5 倍左右。

十三届全国人大履职期间，立法重点是编纂了新中国第一部以法典命名的法律——民法典。其间，各分编草案先后十次公开征求意见，累计收到建议数量超过 102 万条。

从 2015 年起，中国法学会民法学研究会副会长、西南政法大学民商法学院教授谭启平就是中国法学会民法典编纂项目领导小组成员，见证了民法典编纂的全过程。

谭启平告诉《南方周末》记者，民法典编纂工作由全国人大常委会法工委牵头，中国法学会为参加单位，主要职责是为民法典制定献计献策。中国法学会成立的民法典编纂项目领导小组设有秘书处，汇总多方意见，来源主要包括中国法学会、领导小组成员，参与座谈会、调研会、研讨会的法学家，以及非法学界人士。

在谭启平看来，从专家处搜集到的意见，吸纳情况和普通民众并无不同，都需要经过不断地说服和修正，即便是基层意见，只要是真知灼见，立法过程中也很可能被采纳。

这一点，上海康明律师事务所主任吴新慧深有体会。作为全国人大常委会法工委虹桥街道基层立法联系点第一批信息员和专业人才库人员，吴新慧曾给反家庭暴力法、妇女权益保障法等法律草案提出意见。

反家庭暴力法草案征求意见时，吴新慧正代理一个案件，一位 90 岁的老人瘫痪在床，而照顾他的小女儿经常殴打老人。基于这一现实问题，吴新慧提出，老年人也应被纳入反家庭暴力法保护的主体范围。

法律正式颁布后，虹桥街道基层立法联系点经对比，发现她的意见被采纳了。

"基层立法联系点是国家立法'直通车'。"全国人大常委会法工委办公室主任孙镇平介绍，过去 5 年，全国人大常委会法工委在首批 4 个试点的基础上，增设了 3 批共 28 个基层立法联系点，总数达到 32 个，覆盖 31 个省（自治区、直辖市）、5770 多万人。

2023 年 2 月 9 日，全国人大常委会办公厅发文对过去五年立法工作进行系统回顾，当中提到，十三届全国人大的立法工作主要围绕重点领域、新兴领域和涉外领域。

"本届人大任期内，国家安全、卫生健康、公共文化等重要领域的基础性法律相继出台，生态环境、教育科技等重要领域的法律全面修订，网络信息、生物安全等新兴领域立法取得突破。"杨合庆表示，通过本届立法工作，法律体系日益完备。

谈及过去 5 年的立法，杨合庆认为，向社会公布法律草案征求意见制度已经成为民主立法的一个品牌，"我们将进一步完善向社会公布法律草案征求意见制度，完善并加强意见反馈，推动社会公众更广泛、更深入地参与国家立法活动"。

我亲历的"全过程人民民主"
（节选）

作者：唐桐训　姜晓丹

来源：原刊于《人民日报》2023 年 3 月 30 日

家门口就能参与立法

作为一名 70 多岁的老党员，我已退休多年，但总还是想发挥余热，为国家、为群众做点事。

2015 年 11 月，广东省江门市江海区人大常委会成为省级基层立法联系点不久，我就成了立法意见义务收集员，负责从社区居民那里收集立法意见、搜集资料，汇总提交给基层立法联系点。这个过程中，我很重视与居民的交流互动，并及时向群众反馈吸收采纳情况，积极调动群众参与立法的积极性和主动性，更好地践行全过程人民民主。

2020 年 7 月，江海区人大常委会被确定为全国人大常委会法工委基层立法联系点。4 个月后，该联系点受全国人大常委会法工委委托，对野生动物保护法修订草案征求意见。2020 年 11 月，社区干部在我们的"立法意见交流群"里更新了一则消息，号召积极对野生动物保护法草案提出修改意见。

拿到草案后，经过一番仔细学习和梳理，我从相关文件及资料中发现，现实中专业的野生动物保护员只是少数，应当让更多的人参与对野生动物的保护。我就此向基层立法联系点提出了建议："只有全民提高整体素质和素养，共同具有保护野生动物的自觉意识和责任感，才能真正实现野生动物保护法的立法目的。"

2022年12月，野生动物保护法正式修订，"建议鼓励社会公众参与"的相关内容被新修订的野生动物保护法所吸收。这些年，我和社区里的群众热心法治建设，积极提出立法意见。这次立法过程中，我们基层立法联系点首次得到了来自全国人大常委会法工委的公开反馈，让我们感到付出很值得。

据统计，截至2023年3月，江海基层立法联系点共完成59项法律法规草案意见征集任务，上报1180条意见建议，121条被采纳。其中，完成全国人大常委会法工委交办的33项法律草案意见征集任务，上报935条意见建议。

这些年来，作为一名立法意见义务收集员，街坊们都愿意和我讲他们的诉求，我也愿意听。能够通过我们的努力，把群众的意见建议整合起来向立法机关反映，不仅使立法汇聚了民意、吸收了民智，而且群众也通过参与立法提升了自身法律意识，这让我们身在其中很有成就感。

南方榕树下
——全过程人民民主的江海剪影

作者：李　敏

来源：原刊于"中国人大网"2023 年 5 月 10 日

南方有佳木，百年蔚成林。江门新会天马河的沙洲岛上有株寿逾 400 年的古榕，经过长期繁衍，生发出上万株须根盘结的树干，形成一榕荫庇 15 亩河面、万千鸥鹭翔集于此的天然奇观。1933 年，著名作家巴金游览此地，写下了脍炙人口的散文名篇《鸟的天堂》，不仅成为岭南水乡风物的绝佳名片，更是江门厚重历史文化的杰出代表。

距离"小鸟天堂"不远的江门市江海区，是一座榕荫处处可见、榕叶隐隐飘香的产业新城。在成立不到 30 年的光阴里，江海区以榕树般的顽强生命力，拔节生长为特色产业云集、实力排名靠前的国家级高新区。在市域社会治理的探索实践中，现代民主理念像榕树的气根一样深深扎进基层群众的土壤，形成一系列江海特色鲜明的制度机制和宝贵经验，结出许多山水融城、宜居宜业的惠民硕果，也更深融入江海披襟向洋、奋楫争先的城市气质，为在新时代新征程上践行全过程人民民主提供了来自改革开放前沿的经验。

"榕树效应"：筑巢"高新"，打造产业集聚新高地

1994 年 8 月，新江海区组建成立。彼时的江海榛莽丛生，到处是鱼塘、稻田、甘蔗地，全区百余平方公里范围内连条像样的道路都没有。改革开放的号角唤醒了这片长期沉睡的土地，激发了广大人民群众前所未有的创新创造热情。在建设城区中心道路的征地过程中，七西管理区 11 户人家在新房未建好的情况下，主动拆掉旧房，各自投亲靠友借宿，有力确保了工程进度。中东村村民得知自己鱼塘的位置将要建学校，自发将鱼苗提前卖出。正是深刻体察人心思进、人心思富的群情民意，江海历任领导班子将新城区规划、开发区建设与维护农民利益、争取群众支持深度融合，使广大干部群众促改革、谋发展的决心转化为改变城乡面貌、追求美好生活的强大动力。从 20 世纪 90 年代的夯基筑垒，到 21 世纪之初的迅猛突进，再到新时代十年的加速腾飞，江海在一穷二白的基础上，打造成外海街道制造业领先、礼乐街道工农业"双擎驱动"、江南街道"总部加商贸"三者错位发展的崭新格局，地区生产总值累计增长 30 倍，固定资产投资额增长 146 倍，财政一般预算收入增加 37 倍，以占江门全市 1.1% 的面积，集聚了域内 23% 的专精特新企业和 25% 的国家级高新企业，创造了近 13% 的规上工业总产值。江海在时代发展的激流中拾级而上，深刻证明了社会主义民主能够充分凝聚全社会的智慧和力量，全面汲取

蕴藏于基层群众中的改革创新活力，有效统筹各阶层的思想共识、发展利益和行动意志，不断释放推进共同富裕、实现高质量发展的制度红利。

回顾江海历史，发扬民主不仅是经济社会发展行稳致远的重要保证，也是推进产业迭代升级的内在动力。成立之初的江海工业基础薄弱、土地瓶颈明显，企业大多规模小、成长性弱、科技含量低。20世纪初，江门市从"小鸟天堂"一榕独木成林的现象出发，掀起了发展主导产业、发挥经济领域"榕树效应"的热烈讨论和实践。江海历届领导班子牢牢把握承接珠三角产业梯度转移的历史机遇，将引导增长模式从粗放型向集约型转变与回应广大民营企业提质升级的诉求紧密结合，积极培育产业集群、发挥集聚效应，打造形成了电子信息、摩托车及零配件制造、生物医药、家用制品等特色产业集群。2013年以来，江海区与江门国家级高新区实现"一套人马、两块牌子"合署办公，在管理模式、干部配备、运行机制、财政体制等方面的持续优化，又为江海加速融入粤港澳大湾区产业分工合作，实施特色支柱产业延链补链强链注入了强大动力，使大力发展以"五维一体"安全应急产业为核心的"1+3+2"战略性产业集群，奋力打造千亿产业园区成为今天全区干部群众的高度共识。这些成绩的取得，都是全区上下同欲、群策群力、攻坚克难的结果，是在改革探索中准确识变、科学应变、主动求变的结果，是尊重市场主体意愿需求和人民群众首创精神的

结果。

同时，江海地处 530 多万华侨华人念兹在兹的五邑故土，是 400 多家港澳投资企业、4500 多家工业企业创新创业的热土。长期以来，区委、区政府定期听取华侨华人和港澳同胞意见，着力打造"侨梦苑"等侨商产业聚集区，推行"容缺审批"、"保姆式服务"、全流程监管、全周期跟踪等制度举措，开通中小微企业诉求快速响应平台，使企业经营的实际困难和发展诉求能够迅速得到反馈和落实。可以说，扎根侨乡土壤的民主实践，本身就是打造一流营商环境的重要内容，有力赓续着广大侨胞返乡投资创业、回报桑梓的悠久传统。

"榕荫议事"：扎根群众，形塑基层治理新格局

党的二十大报告指出"全过程人民民主是社会主义民主政治的本质属性"，要求"健全吸纳民意、汇集民智工作机制，建设好基层立法联系点"。

2020 年 7 月，广东省唯一的"国字号"基层立法联系点落户江海。全国人大常委会法工委江海基层立法联系点既是立足江门这一全球华侨华人观察和了解中国的重要窗口，向全世界展现中国式民主的生动气象和独特魅力，也是着眼粤港澳融合发展的时代趋势，为推动大湾区一体化进程营造更好的法治环境，更是汲取改革开放前沿推进市域社会治理创新经验，为国家立法挖掘更多来自基层一线的高质量建议。

南粤的村庄，"榕树在哪儿，家就在哪儿"，榕树总是守护着一方安宁，寄托着人们的乡思。在礼乐街道的英南村，每逢法律草案意见征集会召开，干部、村民、人大代表、村（居）志愿者、综治中心和新型经济体代表等围坐在村口的大榕树下，集思广益、切磋琢磨，把对良法善治的企盼思考和乡村治理的现实需求用立法建议的形式记录下来。"榕树下的议事厅"见证了英南民主商议习惯的形成，强化了"民事民议、民事民办、民事民管"的民主意识，随着议题内容的丰富、议事流程的规范，被打造成为闻名遐迩的基层治理品牌，英南村也先后获得"全国民主法治示范村"等 5 项"国字号"荣誉。正是借助许多场这样开在群众家门口、榕荫下的"板凳会"，大量言辞恳切的"金点子"喷涌而出，而触角众多、渠道通畅、运转灵活的基层立法"直通车"，将带着泥土芬芳的人民肺腑之言直送国家最高立法机关。江海基层立法联系点成立两年多来，共完成对 59 部法律法规草案的意见征集，上报 1180 条意见建议，125 条被采纳，多篇调研报告、工作简报得到全国人大常委会法工委的肯定，累计受到中央和地方主流媒体报道近 400 次，生动展示了人民群众有序参与国家立法的江海实践。

基层立法联系点建设为推动江海高质量发展增添了亮色，放眼全区，党建引领基层治理"书记工程"深入推进，全过程人民民主实践呈现出生机勃勃的"群榕"景象。江南街道创新搭建全市首个"1+5+14"三级联络平台（1 个省基层立法联络

单位 +5 个代表联络站 +14 个代表联民议事岗），有机贯通立法意见征集、服务代表履职、开展法治宣教等工作环节；外海街道探索建立居民代表会议"四议两公开"议事程序和一整套"议事决策制度"，基层群众尊重规则、平等协商、民主管理、依法监督的理念不断深化。在区一级层面，区人大常委会扎实贯彻新修订的《江门市人民代表大会议事规则》，对事关全区改革发展稳定的重大事项及时作出一系列决议决定；区政协创新推出"三级协商平台"，通过工作重心下移、委员力量下沉、协商触角下延，将政协工作延伸到了镇（街）和村（社区），有效提升了基层民主协商质量；全区精准划分 190 个网格、2590 个最小单元，健全上下贯通、执行有力的组织链条，完善"吹哨报到、提级办理、三级联动"的协同机制，群众关注的"心上事"成为管理部门的"上心事"；等等。江海的经验充分表明，全过程人民民主不是国家治理版图上的孤峰耸峙，不是城乡改革探索中的单兵突进，而是有赖于党政部门、社会团体和参与群体的理念共通、步伐协调、制度齐备、功能耦合，通过工作举措和运行机制等各方面的系统集成，才实现和保障了全链条、全方位、全覆盖的民主实践效能。

"榕影乡愁"：守护民生，引领绿美城乡新蝶变

习近平总书记强调："民主不是装饰品，不是用来做摆设的，而是要用来解决人民需要解决的问题的。"全过程人民民

主使人民意愿既能畅通表达，也能有效实现；有效协调国家政治关系，实现各方面意志和利益的协调统一，保障社会和谐稳定，推动国家治理现代化，促进现代化建设各项事业不断发展。

江海区"水上人家"棚户区的拆迁改造是对这一论断的最好诠释。20 世纪 50 年代，常年漂泊于水上的疍家人在蓬江河畔的下沙片区聚族而居，300 多间茅草房、铁皮棚杂乱丛集，旱季火灾频发，雨季动辄受浸，河道淤积堵塞，病媒生物孳生，环境极端恶劣。2019 年，江海区全面打响了改善河岸人居环境的攻坚战，累计投入 6.2 亿元规划、搬迁、改造，近百名干部深入征迁一线摸思想、清底数、查原因、理关系，以百折不回的耐心与毅力听诉求、讲政策、调纠纷、解难题，以最细致的工作赢得群众支持，仅用时一年就让 200 多户居民全部搬进安置房。露出清秀面庞的下沙被精心打造为总面积 80 亩的带状主题公园，实现了从"城市伤疤"到"网红景点"的惊艳蝶变，以河畅、水清、岸绿、景美的姿态横卧于城市中央。漫步公园，一面青砖老墙上寄生的榕树伸出遒劲蜿蜒的根系，墙头繁茂碧绿的榕叶一派生机盎然，这道"古墙榕影"景观为昔日的住户指引着老屋寻根的准确坐标，标记着江海城市更新的珍贵遗存，承载着疍家水乡文化的浓郁乡愁，也昭示着全过程人民民主最广泛、最真实、最管用的本质特征。

下沙的华丽转身只是江海城乡面貌历史性变迁的一个缩

影，聚焦人居环境优化、城市品质提升，接续打造"产城人文"深度融合的现代化公园城市，是江海历届领导班子一绘到底的蓝图、一以贯之的行动，也是切实提升全区干部群众获得感、幸福感、安全感的有效举措。打造被誉为"城市绿肺""天然氧吧"的白水带风景区；修建城中心占地200余亩、被市民亲切称为"绿海丹心"的大型综合绿地陈少白广场；落成纵贯20公里，集休闲运动、历史探幽和城市观光于一体的河滨生态碧道城央绿廊；推出与高新区科教园紧密融合的城市湿地龙溪湖公园……每一项重大生态工程的推进都得到全区广大群众的热烈拥护和支持，既是构筑"山水融城"城市空间格局的绿色发展工程，也是增进民生福祉、提高人民生活品质的民心德政工程。

更可贵的是，江海区始终注重将改善民生与发扬民主紧密衔接起来，依托人民代表大会制度，充分保障人民的知情权、参与权、表达权、监督权，把解决群众"急难愁盼"问题纳入制度化、规范化的轨道。早在1995年2月江海区成立后的第一次人民代表大会会议上，区政府就向大会报告了10件民生实事的落实情况，这一做法长期延续下来。进入新时代，江门市三级人大同步开启民生实事项目人大代表票决制新模式，实行由人大代表差额投票决定民生实事安排。区人大常委会制定出台《关于区政府民生实事项目实施情况满意度测评办法》等文件，通过加强请示区委、广泛征集选题、代表投票决定、社会积极参与，实现了党的领导、人民当家作主、依法治国的有机统一，也让包括"绿美江海"生态建设在内的诸多实事安排"民生"的成色更足、"民主"的味道更浓、"民意"的表达更通畅。这一做法富有启示意义，即全过程人民民主的制度优势必须体现到人民生活持续改善上，才能彰显其"行得通、很管用"的宝贵品质；而高质量推进民生改善也必须不断完善民主协商、民主决策、民主管理、民主监督的制度程序，才能更好满足人民群众对美好生活的期待和向往。

"榕树精神"：化风成俗，熔铸珠西发展新气象

作为从中国土壤中生长出来的人类政治文明新形态，全过程人民民主天然具有与最广大人民休戚与共、生死相依的精神气韵，展现了不断增进人民福祉、实现人的全面发展的价值依归。解码全过程人民民主在江海的丰硕实践成果，必须深刻体察这片土地波澜壮阔的历史进程和澎湃跃动的时代脉搏，探寻其中蕴藏的宝贵精神财富。

改革开放初期，江海早期建设者们以"杀出一条血路"的创新精神，大胆引进 TOB（股票公开买卖）模式，仅用 19 个月就建成外海大桥，创下当时国内同类桥梁建设的最快速度。20 世纪 90 年代中期，为了治理炸山采石现象严重的白水带，老干部、老工人代表以舍我其谁、勇挑重任的担当精神，大声疾呼"公园建不好，我们愧对子孙后代"。迈入新时代，礼乐

街道始终坚持把人民放在心中最高位置的民本精神，以"走进千家万户、说尽千言万语、想尽千方百计、历尽千辛万苦"的信念推进征地拆迁工作，坚决维护群众利益。党的二十大后，全区干部群众以谋定后动、奋楫争先的实干精神，围绕深化高质量发展主题闻令而动、尽锐出征，以抢占"新赛道"、狠抓"大招商"积蓄更强发展动能。这些绵延不辍的时代乐章构筑了江海自强不息、厚德载物的城市底色，就像"小鸟天堂"古榕深深扎进泥土的根须一样，最大程度汲取来自中华优秀传统文化和广大人民群众的丰富营养，形成新时代博大宽厚、气象万千的"榕树精神"，在全面建设社会主义现代化国家新征程上不断创造出新的业绩，融入中华民族伟大复兴的历史洪流。

历尽天华成此景，人间万事出艰辛。当前，在党的二十大精神指引下，江海区正围绕推动高质量发展、推进高新区争先进位，以"牵牛鼻子"的巧劲、"蚂蚁啃骨头"的韧劲、"时时放心不下"的拼劲，振奋精神勇毅前行，为奋力打造珠江西岸新增长极和沿海经济带上的江海门户贡献力量。

在这样的天时地利人和环境下践行和发展全过程人民民主，必须深入学习贯彻习近平总书记广东考察重要讲话精神，胸怀"国之大者"，心系"民之所向"，把江海改革开放进程中体现人民意志、保障人民权益、激发人民创造活力的有效经验转化为锚定高质量发展、推进粤港澳大湾区建设的主动作为。必须不断加强人民当家作主制度保障，毫不动摇坚持、与时俱进完善人民代表大会制度，充分发挥江海基层立法联系点的撬动作用，在推进立法意见征集提质增效、服务人大代表密切联系人民群众、夯实人大监督民意基础、拓展法治宣传渠道形式等方面多向发力，健全完善跨部门、多方位、全链条的联动协作机制。必须努力挖掘因侨而立、因侨而兴的侨乡优势，牢牢把握"凝聚侨心侨力同圆共享中国梦"的新时代侨务工作主题，紧密结合"侨都赋能""港澳融合"工程实施，倾听华侨华人心声意愿，维护港澳同胞切身利益，推进协商民主广泛多层制度化发展。必须扎实推进江海特色显著的市域社会治理创新，健全基层党组织领导的基层群众自治机制，拓宽人民有序参与国家立法的途径，提升群众参与基层民主治理的能力，通过完善基层民主制度体系呵护好人民对美好生活的感知。必须生动讲好发生在群众身边的民主故事，表彰积极参与基层公共事务的先进典型，立体化呈现全过程人民民主在江海街道、社区、乡村等各层次各领域的生动实践，为奋力描绘新时代全过程人民民主的"岭南画卷"提供鲜活样本。

访基层立法联系点　感受全过程人民民主

作者：黄宝仪　帅　诚

来源：原刊于《大公报》2023 年 6 月 7 日

香港第七届立法会议员、经民联副主席吴永嘉没想到，一个江门市江海区就有三个街道代表团，由下至上让广东人大乃至全国人大了解民意民情，从而让立法更符合民众实际需要，"这就是全过程人民民主实践其中一方面的最佳体现"！

香港特别行政区第十四届全国人大代表赴粤专题调研组一行 6 日下午先后走访了江门江海基层立法联系点和广州知识产权法院江门巡回审判法庭。在江海基层立法联系点，全国人大民族委员会调研室调研处副处长、二级调研员李敏介绍说，自成立以来，江海基层立法联系点共完成 61 项立法意见征集任务，上报 1264 条意见建议，在全国人大常委会法工委刊发 14 篇工作简报，成果丰硕。

参观完两个调研点，香港基本法推介联席会议副主席楼家强用"大开眼界"来形容自己的感受。他表示，过去很多港人对内地司法机制了解不足，今天通过实地走访，自己更加清晰认识到，内地司法机关在确保公平公正及透明度上都做得很好，相信可以让港人港青北上发展更有信心。

江海基层立法联系点：向世界讲述中国民主故事

作者：周誉东

来源：原刊于《中国人大》杂志 2023 年第 13 期

2020 年 7 月，广东省江门市江海区人大常委会被确定为全国人大常委会法工委基层立法联系点，到如今已累计完成 63 部法律法规草案的意见征集，上报 1316 条意见建议，其中 132 条被采纳；对 25 部已审议通过的法律共上报意见 433 条，获采纳 92 条。同时完成多篇专题调研报告，在全国人大常委会法工委刊发 17 篇工作简报。

江海基层立法联系点架起了基层群众与国家立法机关之间的"桥梁"，让全过程人民民主扎根南粤大地，让民主与法治融入人们生活，让世界倾听温暖而精彩的中国民主故事。

"立法不是高高在上的，它触手可及"

"希望能优化农村无障碍设施，方便残疾人出行。"2022 年底，江海基层立法联系点向全国人大常委会法工委上报了这样一条立法建议，它的提出者是吴腾信，一位 50 岁的残障人士。

吴腾信家住江海区礼乐街道威东村，因患小儿麻痹症导致双腿萎缩，出行主要依靠一辆助力代步车。身残志不残，吴腾信放弃申请低保，成为一名自食其力的工厂工人，用双手脱贫。2016 年，吴腾信所在的工厂倒闭，威东村党总支出资帮他开了一家"爱心小卖部"。小小的店铺见证着人来车往，也见证着吴腾信的自强与奋斗。

2022 年 11 月 29 日，江海基层立法联系点组织调研组走进威东村，搬着板凳来到残疾人、老年人等无障碍设施需求群体的身边，围绕无障碍环境建设法（草案）征集民意。在"板凳会"上，吴腾信提出，希望能优化农村无障碍设施，方便像他一样的残疾人出行。此后，该建议一路直达全国人大常委会法工委，吴腾信的故事也为大家所知。

今年 4 月 26 日，全国人大常委会法工委主任沈春耀委托赴广东调研的法工委办公室主任孙镇平，专门来到江海区礼乐街道"爱心小卖部"看望吴腾信，并签名赠送了全国人大常委会法工委负责编写的《经国之本：中国共产党对国家制度和法律制度的百年探索》，表达对他积极参与法律草案意见征询活动的充分肯定和诚挚问候。

"广泛听取民意是全过程人民民主的要求，基层群众的意见建议是我们做好立法工作的重要基石。"近日，孙镇平接受本刊记者采访时表示，"作为残障人士，吴腾信参与立法意见征集相比常人更困难，也更可贵。我们此行，就是要代表法工委，对吴腾信，对关心参与立法工作、积极献计献策的广大人民群众表示衷心感谢！"

　　盛夏，江海的碧蓝天穹下，本刊记者来到绿树掩映的"爱心小卖部"。吴腾信坐在收银台前铺开的竹席上乘凉，十尺见方的小店被他收拾得井井有条，不时有村民前来购物、取快递。

　　"大家很照顾我的生意，尽量帮助我，我用店铺免费帮大家代存快递。"吴腾信说，"我是残疾人，但也希望用双手养活自己，村子也给了我这样的机会。"

　　据悉，江海区通过老旧小区加装电梯、适老化设施改造、建设居家养老服务中心等措施，推动城市无障碍设施不断完善。其中，威东村的无障碍环境建设起步早，还获得"全国示范性老年友好型社区""广东省乡村治理示范村"等荣誉称号。此外，村里还设立扶贫工作坊，为在这里打工的残疾人群众提供有尊严的工资保障。

　　"我在村里享受到了无障碍设施的便利，也希望其他村子的残疾人朋友能享受到，所以提出了建议。"吴腾信说，建议的反馈速度出乎意料，全国人大方面的关心关注也让他十分感动。

　　2023年6月28日，十四届全国人大常委会第三次会议表决通过无障碍环境建设法，自2023年9月1日起施行。法律第五条规定，无障碍环境建设应当与经济社会发展水平相适应，统筹城镇和农村发展，逐步缩小城乡无障碍环境建设的差距。

对吴腾信而言，这是最大的褒奖，也是无言的激励。"以前我觉得立法好像是高高在上的，现在我知道，它是触手可及的！"吴腾信说，"今后我一定会继续关注立法，通过立法联系点献计献策！"

"我们一定会继续建设好基层立法联系点，传达大家的所思所想所盼。"江海区人大常委会主任余志坚表示，接下来，江海区人大常委会将积极联动相关部门，推动无障碍环境建设法的贯彻落实。同时，在立法意见征集的过程中积极普法，用群众听得懂的语言讲述专业法律知识，传达立法动向，表达人民心声。

"立法联系点就像榕树，根深叶茂、苍翠如盖"

吴腾信的励志故事是江海践行全过程人民民主的一个缩影，江海与立法的故事却远不止于此。

2015 年 5 月和 11 月，江海区人大常委会先后被确立为江门市和广东省人大常委会基层立法联系点；2020 年 7 月，成为广东省唯一的"国字号"基层立法联系点。"8 年来，江海区人大常委会扎根基层沃土，像榕树一样向全市伸出民主枝条，深察民情、广纳民意、汇聚民智，最终长到根深叶茂、苍翠如盖。"江海区委副书记、区人大常委会党组副书记李敏说。

一个以区级人大常委会为根基的立法联系点，缘何能将"根系"扎向江门全市？"江海区辖外海、礼乐、江南 3 个街道，总面积 109.16 平方千米，常住人口约 37 万人。"李敏说，"不能让有限的区域与人口限制立法联系点的民意征集，所以从一开始，我们的视野就跳出了江海。"

看似寻常最奇崛，成如容易却艰辛。在广东省、江门市人大常委会的大力支持下，江海基层立法联系点积极探索实践，如今已然根系深远、枝繁叶茂——在江门全市范围内设立了包括街道办、区直部门、村委会、商会等在内的 59 个立法联系单位，搭建由 120 名专家学者组成的立法联系咨询专家库，整合 57 名立法联络员和 350 名信息员，将联系"点"扩大成"面"，形成了立足江海、覆盖全市、辐射全省的强大"矩阵"。

"江海基层立法联系点真正做到了利用好一切资源，服务好立法联系工作。"全国人大代表、江门市科恒实业股份有限公司光电材料事业部技术部经理丁雪梅在当选全国人大代表前，就作为技术专家参加过联系点的立法意见征集活动。身份的转换，让她有了更多的思考："联系点会根据每部法律的内容重点征集不同人群的意见，这样既体现了民主的广泛性，又做到了立法工作的精准高效。"

针对野生动物保护法、反食品浪费法等与广大社会公众密切相关的法律草案，江海基层立法联系点不断将立法建议征集的范围延展到最大。"广东省江门市江海区人大常委会和一些社会公众建议增加野生动物保护管理信息公开、鼓励社会参与的内容，经综合研究，在修订草案三次审议稿中增加各级人民政府应当依法公开野生动物保护和管理信息的内容，并增加公益诉讼制度。"2022年12月25日，全国人大常委会法工委发言人臧铁伟在接受媒体采访时首次具名回应社会公众意见。这条有关野生动物保护的建议，就来自江海区江南街道江翠社区的唐桐训。

今年72岁的唐桐训是江翠社区的立法意见义务收集员，而江翠社区是江海基层立法联系点的59个立法联系单位之一。平时，唐桐训"游走"于社区楼栋之间，负责从社区居民处收集立法意见并汇总提交给基层立法联系点。

"我知道我的工作是有意义的，我们提交的意见，都是一脚一脚、一户一户'跑'出来的。"在江翠社区，本刊记者见到了这位古稀之年的老党员，他精神矍铄，颇为健谈，"我们社区构成很多元，有办公楼、居民楼、学校、医院、律所、个体经营户……所以白领、居民、学生、医务工作者、律师、商户，都是我们的民意征集对象，这样得来的意见建议，是有广泛代表性的。"

近年来，立法建议收集工作出现了什么变化？对此，唐桐训的好搭档何树榕深有感触。何树榕今年65岁，是江翠社区的志愿者，2015年后成为立法意见义务收集员，大家喜欢叫他"榕叔"。"前些年，我帮大家修水管、搬家具后，向大家征求立法意见，大家会说：'榕叔，你跟我们说有什么用？你们有这个条件改变吗？'"何树榕告诉记者，在民法典出台后，大家的态度改变是翻天覆地的，"大家知道，自己的意见会被立法联系点采纳，而国家的立法，也是真正以人民为第一位的。自那以后，我上门收集立法意见就简单多了。"

不同于民法典等与百姓生活息息相关的立法，如医师法等一些专业性强的立法，则更需要专业人士献计献策。江海基层立法联系点积极用好专家顾问的"外脑"力量，充分发挥由120位专家学者、行业精英组成的联系咨询"智囊团"的作用。

广东华南律师事务所主任谭社芬，就是江海基层立法联系点的"外脑"之一。2021年，他在参与医师法（草案）意见征集时发现，草案只规定了医师从事违法犯罪活动的刑事责任，但其作为专业人士从事违法犯罪活动对社会的危害性比普通人更大，建议对其加大惩处力度，除承担刑事责任外，终身禁止从事医疗活动。"医师法出台后，我得知建议被采纳了，那一刻我真正体会到了全过程人民民主的精髓，它不是摆设，不是口号，是用来倾听民声、反映民意、解决民困的。"谭社芬激动地说。

"虽然江海联系点地处基层，但应当有宏阔的梦想"

2022年2月，广东省人大常委会主任黄楚平在江门调研时指出，要继续推进江海基层立法联系点建设，应当辐射粤港澳大湾区、面向全广东。虽然江海联系点地处基层，但应当有宏阔的梦想，要与最高国家立法机关保持"声气相通"，在国家立法全过程中及时准确反映湾区意见、广东声音。

扎根民主土壤，怀揣宏阔梦想。发展至今，江海基层立法联系点逐步构建了"扎根江海、立足江门、辐射广东、展望湾区"的联系网络和工作格局。

在"扎根江海、立足江门"过程中，江海基层立法联系点建立"八步流程工作法"，使法律法规草案的收文、方案制定、征集、整理、撰写、审定、上报、归档等全过程都有章可循、规范有序。同时，鼓励各立法联系单位充分发挥自身特色，打造自身"品牌"。

"榕树在哪儿，家就在哪儿。"南粤的村庄，冠大叶密的榕树可遮阳、能挡雨，是人们茶余饭后乘凉、闲聊的天然去处。随着礼乐街道英南村、外海街道直冲村等成为新一批江海基层立法联系点联系单位，"榕树下"被赋予了新的内涵。

"我们村党群服务中心也有大会议室，但是村民们都不愿意来。"直冲村党委书记、村委会主任郭卫强告诉本刊记者，"后来我们发现村民们喜欢在村委会门口的大榕树下活动，干脆就把横幅拉过去，就地征集立法意见。""地方熟、人也熟，大家没有拘束感，想啥说啥，效果特别好！"

此后，英南村、直冲村、江翠社区等立法联系单位因地制宜，将立法意见征集会设在榕树下。红色横幅一展，远近村民围坐，在榕荫带来的清凉中，完成最朴素、最原汁原味的立法意见征集，"榕树下议事"也成为江海基层立法联系点的特色"IP"。

说起"辐射广东、展望湾区",就必须提到江门的一大特点——侨乡。江门是我国著名侨乡,祖籍江门的华侨华人和港澳台同胞近400万,分布在全世界五大洲122个国家和地区,有"海内外两个江门"的美誉。

"广大港澳同胞、海外华侨也是践行全过程人民民主的重要力量。"余志坚说,江海基层立法联系点在工作中特别重视侨乡侨情,发挥侨乡优势,维护侨胞利益。

江海区基层立法联系点与江门市侨联建立合作关系,将江门市侨商总会等设立为立法联系单位,定期邀请海外侨团组织参加基层立法联系活动。同时,向本地侨胞、港澳同胞发放调研问卷,了解侨胞的法治需求和政策需求。

"作为港澳人士,我对国家愿意倾听基层的声音、践行民主立法感到骄傲。"江门市侨商总会副会长、秘书长崔渌芹表示,"站在侨商总会的角度,我希望能把更多华人华侨、港澳同胞的声音传递到国家立法机关。"

"向世界讲好中国民主故事"

精彩的时代需要精彩的讲述,民主的故事同样需要更好地传播。江海基层立法联系点在做好本职工作的同时,积极发挥自身文化、区位优势,宣传普及法治理念,与全国各大基层立法联系点交流互鉴,广泛接待国际友人,向人们、向世界讲好

中国民主故事。

"来到江门，人们不光可以到墟顶老街、三十三墟街打卡'狂飙'取景地，还可以到江海打卡法治广场，听听中国的民主故事。"江海基层立法联系点工作人员李艳华说的"法治广场"，就坐落于江海基层立法联系点门前，占地约5500平方米。该广场以宪法书为中心，采用叙事的空间结构，将法治书章、法治长廊、宪法历程景墙、民法典景墙、法治印章等灵活串联起来，主要用于法治宣传、宪法宣誓、大型展览、户外活动等。

走在法治广场，移步换景，每一隅都能"邂逅"一个动人的法治故事，于无形中学习法治知识、增进法治素养。据介绍，自2021年9月启用以来，法治广场通过组织论坛讲座、开展普法活动等形式，累计接待党员干部群众上万人次，成为全江海乃至全江门的"法治地标"。

"问渠那得清如许，为有源头活水来。"江海基层立法联系点积极推动与兄弟省份各级人大常委会和基层立法联系点的学习互动和交流互鉴，先后赴上海虹桥、江苏昆山、甘肃临洮等地"取经"，同时累计接待全国各地来访团逾150批次。你来我往之间，共论工作方法，共叙民主故事。

江海的故事，听众不囿于国内。2023年4月，江海基层立法联系点迎来了自设点以来的首批外国客人——非洲英语国家议员研讨班。该研讨班由全国人大常委会办公厅和商务部联合举办，来自博茨瓦纳、莱索托等 8 个国家的 21 名议员来访江海。研讨班一行详细了解了江海基层立法联系点的功能定位与实践成效，也得知了吴腾信的感人故事。

"我看到了中国政府作了很多努力，来建立政府和人民之间更直接的联系，通过这种联系，人民的利益和需求能够更直接地向上传递。"纳米比亚国民议会议员莫达斯特斯·阿姆泽感叹，"在中国的立法进程中，人大代表充当联系人民群众的纽带，让群众参与立法进程，甚至有来自学校、各企业组织的代表，这么广泛的代表性十分罕见，我只在中国看到过。"

此外，江海基层立法联系点还通过中国国际电视台（CGTN）等媒体，推出一系列紧贴社区和乡村实际的英文报道，生动呈现了中国的民主故事，获得良好反响。

"江海居于祖国一隅，但江海基层立法联系点的工作并未局限于一隅。"孙镇平说，"江海基层立法联系点既创新工作方式方法、广泛联系广大省内群众，又立足自身区位特性、发挥'侨乡'优势、充分反映港珠澳大湾区群众和广大侨胞的诉求，工作做得很有开创性。"

孙镇平寄语："希望今后，江海基层立法联系点能再接再厉，继续成为向国家立法机关反映基层社情民意的坚实桥梁，向世界讲述中国人大故事、中国民主故事、中国立法故事的重要窗口。"

"回顾近三年的建设历程，我们深刻感受到，江海基层立法联系点能有今天的成就与活力，其根源是全过程人民民主无与伦比的生命力！"在本刊记者采访过程中，江海基层立法联系点的工作人员坦言，"我们不能辜负党中央的厚望，也不能辜负全国人大常委会、省市区各级党委和人大常委会等各方面的大力支持。一定要把江海基层立法联系点建设成更科学、更民主、更贴近人民群众的立法联系点！"

Life made easier for those facing difficulties
（节选）

作者：曹 音

来源：原刊于 *China Daily* 2023 年 9 月 1 日

Xie Renci, a 26-year-old amputee, was one of those who gave their opinions. She provided suggestions about the law through such a station in Jianghai district, Jiangmen city, Guangdong province.

Losing a leg when she was 4 due to a traffic accident, Xie received a bachelor's degree in law at Southwest University of Political Science and Law in Chongqing in 2019. She is now a doctoral candidate studying disability law at Syracuse University in the United States.

She said she fully understands that some disabled people are reluctant to go out because of a lack of accessible facilities. Some injuries and deaths have resulted from a poor barrier-free environment, Xie added.

"I didn't want to go out when I studied in the hilly city of Chongqing, as it's inconvenient. I spent a lot of time going from my dormitory to a classroom, and there was no elevator in the six-

floor teaching building." she said.

"Walking to the classroom took nearly all my strength. If I dragged along a suitcase or carried something, I became even more exhausted. I felt as though I didn't belong at that school and in Chongqing at such times, as those who built the facilities didn't seem to take people like myself into consideration."

Xie said such experiences prompted her to start researching the construction of accessible facilities and to continue studying disability law in the US.

When the draft law on building a barrier-free living environment was disclosed online in November, she received a WeChat message from a former student, saying that Xie had been invited by the Jianghai station to provide advice on legislation after it learned of her experience.

"I was so surprised. Legislators came to listen to my ideas and personal experience, which encouraged me and made me feel valued." Xie said.

After carefully reading the draft, she submitted her ideas to the Jianghai station online, saying that some place definitions, such as "residential building", "residential area", "public buildings", "urban roads" and "rural roads", were not clear enough, which would be confusing for law enforcement departments.

Xie also suggested that the top legislature specify who should pay for renovation work to be carried out at such locations.

Her opinions and suggestions were included in the final version of the law. Expressing her excitement, Xie said she would continue to provide advice on legislation concerning the disabled.

In addition to people in Jianghai, a number of residents offered advice on the law through stations in Tianjin, Shanghai and Shandong province, or contacted the commission via video link.

Shi, from the Legislative Affairs Commission, said, "This broad participation—offline and online—shows that whole—process people's democracy has been implemented in legislation".

He added that the suggestions from various walks of life will not only contribute to law implementation, but also to improving the quality of life for all residents.

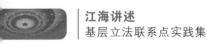

汇聚点滴　终成江海
——走进全国人大常委会法工委江海基层立法联系点

作者：刘　梅

来源：原刊于《检察日报》2023 年 11 月 6 日

早饭后，79 岁的麦棠照例去社区转转，与街坊聊聊，"棠叔早！"不时有人跟他热络地打招呼，作为江海基层立法联系点第一批立法意见义务收集员，这已成为他生活的常态。"我的工作非常接地气。根据立法需要，我会把大家的意见都记好报出去。"带动更多身边人参与立法的同时，麦棠发现，大家日常生活里会更主动地用法治思维来处理和协商问题，这让他更加开心。

2020 年 7 月，江海区人大常委会被确定为全国人大常委会法工委基层立法联系点（以下简称"基层立法联系点"）。三年过去，基层立法联系点深入贯彻习近平总书记关于坚持和完善人民代表大会制度的重要思想，深刻把握"走在前列"总目标蕴含的丰富新要求，不断创新立法意见征集模式，使立法更好体现民情、汇聚民意、集中民智，目前已累计完成 71 部法律法规草案的意见征集，上报 1577 条意见建议，156 条被采纳。其中，已审议通过的 54 个立法项目中，上报意见建议 897 条，被采纳156 条；正在审议的 17 个立法项目中，上报意见建议 680 条。

扎根沃土　向上成林
小小"联系点"映照民主大气象

记者来到江海基层立法联系点活动中心的这天，小雨霏霏。步入门前的法治广场，映入眼帘的是一座打开状态的汉白玉材质的宪法书雕塑，周围采用叙事的空间结构，串联起法治书章、法治长廊、宪法编纂历程景墙、民法典景墙等，一步一主题，在南国细雨中深情讲述着从国家根本法到基本法的历史回忆。"广场占地 5500 平方米，主要用于法治宣传、宪法宣誓、大型展览等。"江海区人大常委会法工委主任邢玉生介绍，2021 年 9 月广场启用以来，已举行百余场内容丰富、形式多样的普法活动，接待群众上万人次，成为江门市的"法治地标"。

建立基层立法联系点制度，是 2014 年 10 月召开的党的十八届四中全会作出的决定。2019 年 11 月，习近平总书记在上海虹桥全国人大常委会法工委基层立法联系点考察时首次提出全过程人民民主的重大理念，把基层立法联系点和全过程人民民主历史性地联系在了一起。

"全国人大常委会和广东省人大常委会高度重视江海基层立法联系点建设。"采访中，江海区人大常委会副主任陈国纯多次提及，江门市委书记、市人大常委会主任陈岸明担任基层立法联系点建设领导小组组长，明确要求"动员全市资源，强化对江海区全国基层立法联系点的立法计划建议、意见征求等环节的指导"，随后这里被确定为广东省总工会立法调研与普法宣传基地、江门人大全过程人民民主实践基地、市委党校系统现场教学点。

目前，江门市江海区已设立包括区直部门、村（居）委会、商会等在内的 59 个立法联系单位，搭建由 121 名专家学者组成的立法联系咨询专家库，整合 61 名立法联络员和 350 名信息员，形成扎根江海、覆盖全市、辐射全省的基层立法联系点"矩阵"。

记者发现，350 名信息员中有 126 名为村（社区）网格员，"以点带面"广泛收集基层群众立法意见、民生诉求等。毫无"利欲"可图地奔走，积极参与并见证法律诞生的全过程，是他们心中神圣的事情，"立法不是高高在上的，我们还能参与其中！"麦棠说，骄傲之情溢于言表。

法立于上，教弘于下。广场中，榕树下，田埂边，来自群众的"源头活水"，极大拓展了立法点集中民意、汇聚民智的机制通道。

南方气温高，葳蕤茂盛的榕树下别有风景。"村民喜欢在村委会门口大榕树下活动，我们干脆把横幅拉过去，就地征集立法意见，效果特别好！"直冲村村委会主任郭卫强介绍着。于是，英南村、直冲村、江翠社区等立法联系单位因地制宜，将立法意见征集会设在榕树下。随后，外海街道"社会治理一条街"、江翠社区"社区议事会"、英南村"榕树下座谈"等鲜活模式纷纷展现出无穷生命力——在江翠社区开展制止餐饮浪费行为立法百姓论坛活动；在英南村开展农产品质量安全法意见征集活动；在直冲村榕树下召开征求十四届全国人大常委会立法需求及立法工作意见建议座谈会……一条条"冒着热气"的群众意见建议被记录、被归纳、被上报。小小"联系点"映照着民主大气象，全过程人民民主在这里迸发出令人瞩目的勃勃生机。

如何最大限度听取人民群众的意见建议？为扩大立法征询对象覆盖面，基层立法联系点积极推进联系触角向全省延伸，与广东省总工会、深圳国际仲裁院江门中心等建立合作关系，共享市人大、市政府立法联系资源，构建出"扎根江海、立足江门、辐射珠三角、展望全省"的工作格局。

为了整合人大代表力量，基层立法联系点在全区17家代表联络站广泛听取意见，将11家代表联络站确立为立法联系单位……"江海基层立法联系点真正做到了利用好一切资源，服务好立法联系工作。"全国人大代表、江门市科恒实业股份有限公司光电材料事业部技术部经理丁雪梅有感而发。

扎实的工作，让立法这件"专业事"变成群众熟悉的"身边事"。"人大工作不断向上攀登，力量就要不断向下扎根。基层立法联系点让立法接地气、察民情、聚民智，保障了人民群众直接反映诉求的权利，已然成为发展基层民主实践的重要力量。"江门市人大常委会副主任钟军表示。

法非从天下，非从地出，发于人间，合乎人心而已。目前，广东设有 21 个省级基层立法联系点和 51 个联络单位。9 月 21 日，《广东省人大常委会关于进一步加强基层立法联系点建设的意见》印发，因地制宜探索实践的新思路更加清晰。以良法促进发展、保障善治，来自江海的民主故事也将更加鲜活而丰富。

微声细语重千钧

基层民意搭上立法"直通车"

基层立法联系点的设立，为群众有序参与国家立法提供了现实有效的途径。有这样一群人，内心充盈着对不断前行国家的忠诚与热爱，积极参与立法意见收集，找到人生另一番精彩。

50 岁的吴腾信，家住礼乐街道威东村，双腿残疾。2016 年，村党总支出资帮他开了一家"爱心小卖部"。"希望能优化农村无障碍设施，方便残疾人出行。"2022 年底，江海基层立法联系点向全国人大常委会法工委上报了这样一条立法建议，提出者正是他。

2023 年 4 月 26 日，全国人大常委会法工委主任沈春耀委托赴广东调研的法工委办公室主任孙镇平，专门来看望他。"我在村里享受到了无障碍设施的便利，也希望其他村子的残疾人朋友能享受到，所以提出了建议。"吴腾信说，建议的反馈速度出乎意料。

6月28日，无障碍环境建设法表决通过。其中第五条规定，无障碍环境建设应当与经济社会发展水平相适应，统筹城镇和农村发展，逐步缩小城乡无障碍环境建设的差距。

在一望无垠的稻田中，记者见到了全国人大代表、台山市绿稻农场场长陈奭荣。今年是他回乡种田的第九个年头。

7月，基层立法联系点就粮食安全保障法草案向陈奭荣征集意见建议。"制定出台粮食安全保障法意义重大。"他认为，伴随着城镇化进程加快，部分地区出现耕地"非农化""非粮化"现象，建议草案严格落实耕地用途管制，进一步细化耕地保护责任机制，增强全民保护耕地意识；建议草案增加对从事粮食种植技术研究和开展粮食产业化种植群体的鼓励支持措施。

8月25日，全国人大常委会法工委召开记者会，发言人杨合庆介绍近期部分法律草案在中国人大网公布、公开征求意见的相关情况，其中便提到陈奭荣的建议。

上接天线，下接地气，基层立法联系点的工作得到层层推进。一位位怀揣热情的信息员脱颖而出，他们参与立法并全力奉献智慧与力量；一批批信息采集点应运而生，它们发挥所长、整合资源，为立法点扩大"同心圆"打下坚实基础；还有来自立法点顾问单位、人才库的专家学者，他们解读立法背景、提出意见建议、参与普法宣传、总结实践经验，提供强大的智力支持。残障人士吴腾信、退休职工唐桐训、社区干部区凤莲等一批热心群众先后受到全国人大常委会法工委发言人的具名通报。

在江翠社区，立法意见义务收集员队伍从 10 人发展到 83 人，目前已累计收集意见建议 700 余条，其中 3 条被全国人大常委会法工委、3 条被省人大常委会、8 条被市人大常委会采纳。

在习近平法治思想领航下，国家法律法规在起草、调研、论证、通过前评估、审议等立法环节，基层群众参与的身影与表达意见的声音日益增多，法治成为全社会的共同信仰。

民主故事传四海
这些努力被更多人看到

华侨，一个让人动情的群体称谓。做好新时代"侨"的文章是习近平总书记对广东的殷切期望。祖籍江门的 530 多万海外华侨华人分布在全球 145 个国家和地区，400 多家港澳投资企业在此生根发展。这里成为他们观察广东乃至中国的重要窗口。"侨"，因此成为江海基层立法联系点的显著特点。

三年多过去，这张"侨"牌打得如何？"我们坚持立足'侨'资源，突出'侨'特色，用好用足江门与港澳地缘相近、人缘相亲的优势，充分发挥汇聚民意民智'直通车'作用。"邢玉生介绍，将江门市侨商总会、"侨梦苑"华侨华人创新产业聚集区设立为立法联系单位，将市侨商总会推荐为广东省人大常委会基层立法联络单位；与市侨联建立合作关系，共同探索华侨华人参与国家立法的有效途径；定期邀请海外侨团组织参加基层立法联系活动，侨胞参与立法的活跃度、积极性不断提高。多位粤港澳大湾区执业律师、多家涉外律师事务所和港澳侨行业协会成为江海基层立法联系点的重要"发声者"……

2023 年 3 月 16 日，香港江门五邑侨联联谊总会、香港江门五邑同乡联谊总会联合香港恒生大学传播学院，组织香港友好社团代表、香港恒生大学学生代表一行 40 余人来到江海基层立法联系点。

在活动中心参观时，解说员全程用粤语讲解，激起香港同胞对立法联系点的浓厚兴趣。他们不时提问，邢玉生一一解答。随后，基层立法联系点向参访团成员征集十四届全国人大常委会立法需求和立法工作意见建议。

4 月 27 日，由来自博茨瓦纳、莱索托等 8 个国家的 21 名议员组成的非洲英语国家议员研讨班走进基层立法联系点参观访问。研讨活动由全国人大常委会办公厅和商务部联合举办。走访中，研讨班成员详细了解基层立法联系点的功能定位与实践成效，也得知了吴腾信等人的动人故事。

"我看到了中国政府作了很多努力，来建立政府和人民之间更直接的联系，通过这种联系，人民的利益和需求能够更直接地向上传递。"纳米比亚国民议会议员莫达斯特斯·阿姆泽感叹，"在中国的立法进程中，人大代表充当联系人民群众的纽带，让群众参与立法进程，甚至有来自学校、各企业组织的

代表，这么广泛的代表性十分罕见，我只在中国看到过。"

侨联四海，根在五邑。江海基层立法联系点活动中心开设以来，累计接待海内外来访团组 200 余个，成功接待来自非洲英语国家、斐济等地的高规格访问团。鲜活的中国民主故事从这个小小窗口传播到更广阔的世界。

铿锵步履中的检察担当
为大局服务　为人民司法

10 月的江门，阳光正好。丰乐公园政馨亭中格外热闹，江门市检察院的检察官正在这里开展法治讲座，内容包括社区治理、物权纠纷处理、居民矛盾化解等，围坐一周的是丰雅社区志愿楼长、党员志愿者及社区网格员们。"如何将法治思维运用到实际生活中？"有奖知识问答和法律咨询环节，大家你一言我一语，争相发言。

持续推进科学立法、严格执法、公正司法、全民守法，检察机关坚持守正创新，脚步不停。2023 年 8 月 11 日，江门市检察院与江海区人大常委会签订《加强基层立法联系点建设合作框架协议》，对联合开展立法意见征集、立法课题调研和普法宣传活动等作出谋划。不久前，该院充分发挥职能，在全市检察系统相继组织完成刑法修正案（十二）（草案）和治安管理处罚法（修订草案）等法律草案的意见征集活动。

"作为首批立法联系单位，我们高质效履行法律监督职责，为立法点建设贡献检察智慧。"说起检察机关在完善科学立法中发挥更大作用，江海区检察院检察长吴火亮滔滔不绝。

为了提高立法建议的质量，该院建立立法建议征集机制，成立工作小组统筹协调各部门开展立法建议征集工作，安排专人负责对接立法建议征集工作。

"根据基层立法联系点立法建议征集工作安排，我们首先组织对口业务部门认真解读立法草案，梳理出需要征求立法建议的'点'，在全院开展立法建议征集。随后，立法建议征集工作领导小组办公室要将征求的立法建议进行梳理分析，就立法建议的合法性与合理性和提出立法建议人进行沟通探讨，形成立法建议初稿，再交由对口业务部门深入研讨，进一步提升立法建议质量。最后，将立法建议定稿上报至江海区人大常委会。"该院副检察长程生彦向记者详细介绍了工作流程。

为了进一步拓宽立法建议收集渠道，该院依托"派驻检察室＋知识产权办公室＋12309检察服务中心"，积极开展普法宣传、公开听证、检察开放日等活动，充分运用"两微一端"等形式，多渠道向社会各界征求意见建议，并对征集到的意见建议及时研究、落实，转化为立法建议报送江海区人大常委会。"江海区检察院一直以来主动虚心听取社会各界意见建议，并有效落实到检察工作全过程、各领域，不断提升法律监督质效，有效凝聚了社会各方治理力量，为法治江海的建设贡献了检察力量。"江海区人大代表罗华安感慨良多。

近年来，江海区检察院为 20 余部法律的修改提出专业意见 20 余条。其中，在安全生产法修正草案意见征集活动中，该院提出"因安全生产违法行为造成重大事故隐患或者导致重大事故，致使国家利益或者社会公共利益受到侵害的，人民检察院可以根据民事诉讼法、行政诉讼法的相关规定提起公益诉讼"，被全国人大常委会法工委吸收采纳，受到江海基层立法联系点表彰。"未来我们将以更高站位，更好运用法治思维和法治方式服务党和国家工作大局。"吴火亮说。

微风拂面，阳光万里，这是岭南的风景。2023 年 7 月 27 日，江门举办第二届"十大法治惠民实事项目"现场评议会，江海区人大常委会"在听民声汇民智中推进全过程人民民主"项目排名第一。

走访时，听到群众提出意见或想法，麦棠都会立刻写下来。59 年党龄，6 年从戎经历，让老人的性格豁达而坚韧。"群众的意见被国家立法机关采纳，对我们是一种鼓励和鞭策。我今年快 80 岁了，还想继续多做一些工作，做到做不动为止吧。"他开心地笑着说。

基层立法联系点一头连着立法机关，一头连着基层群众，是发展全过程人民民主的一个缩影。实践发展无止境，立法工作也无止境。汇聚点滴，与人民心声同频共振，终有万水朝东的澎湃力量。

"云端"对话群众零距离"接触"国家最高立法机关
"沉浸式"学习宪法

作者：章宁旦　邓　君

来源：原刊于《法治日报》2023 年 12 月 5 日

"总说宪法是国家的根本法，但是实际生活中觉得宪法离我们的生活很远，宪法真的在身边吗？是如何保障我们生活的？"12 月 4 日上午，一场"宪法在身边·走进江海"主题活动在全国人大常委会法工委江海基层立法联系点举行。活动邀请了来自社区、乡村、学校、民企、机关单位等不同领域的 10 名群众代表，通过江海基层立法联系点与全国人大常委会法工委宪法室青年理论学习小组在线对话，零距离感受全过程人民民主，"沉浸式"开展宪法学习。

"宪法与我们熟悉的民法典、刑法之间有什么联系？"在互动交流环节，群众代表通过实时视频连线的方式，向宪法室青年理论学习小组的同志提问，开启了"云端"交流。

现代科技一线通南北，坐在 2000 多公里以外屏幕前的宪法室的同志们认真回应群众提出的热点问题，仔细倾听了群众对宪法的心声，并用通俗易懂的语言普及了宪法的相关知识，解答了生活中关于宪法的问题。

来自文化产业的群众提问："时代发展得那么快，宪法是不

是也在与时俱进，在一些新的方面给予我们保障？"

宪法室青年理论小组的同志给予了解答："时代在发展，宪法也一直同步发展。现行宪法经历了 5 次修改。比如，最近的一次修改确立了监察委员会作为国家机构的宪法地位，对其组成、任期、领导体制以及与其他国家机关的关系等内容作了规定。将监察体制改革的实践成果提炼成宪法规定，实现了全面深化改革和全面依法治国、全面从严治党的有机统一，并为坚决打赢反腐败斗争攻坚战、持久战提供着宪法的不竭动力。"

实时连线活动为群众"搭天线、建高架"，给群众提供了零距离"接触"到国家最高立法机关的机会，让群众更加直观地了解人民代表大会制度、人大代表、人大工作，感受宪法的精神和权威。

来自银泉小学的学生是"10 后"的代表，他说，平时是在课本上了解有关人民代表大会制度、宪法的知识，参加互动交流活动后，对宪法有了更深刻的认识："今天学习到的知识，回去要讲给其他同学听。宪法里专门提到的国旗、国徽、国歌和首都北京，我特别想去北京亲眼看一次升国旗。"

此次"云端"互动活动传递基层声音，反映法治需求，播撒法治的种子，让宪法从纸面走进现实，真正让力透纸背的宪法浸润人心，让群众在身边感受得到，听得懂、记得住、用得上。

活动当天是国家第十个"国家宪法日"。为扎实开展好第六个"宪法宣传周"活动，江门市江海区围绕"大力弘扬宪法精神，建设社会主义法治文化"这一主题，开展了形式多样、特色鲜明的宪法宣传周法治宣传教育活动，营造了全面推进、全民参与的宪法学习浓厚氛围，进一步促进宪法深入基层、深入百姓、深入民心。

走在法治广场，映入眼帘的是一座打开状态的汉白玉材质宪法书雕塑，洁白的大理石上镌刻着宪法宣誓誓词，一笔一画刚劲有力，彰显着宪法的权威与庄严。

"大家知道我国现行宪法是哪一年出台的吗？"

"1982 年。"有人小声回答。

"没错。"工作人员介绍，"现行宪法为 1982 年宪法，并历经 1988 年、1993 年、1999 年、2004 年、2018 年五次修改。"

沿着法治广场法治书章、法治长廊、宪法编纂历程景墙、民法典景墙，工作人员详细讲述着国家根本大法和社会主义法治发展的历史，为大家上了一堂深刻又生动的法治教育课。有群众代表现场表示，"宪法与我们的生活息息相关，我们的一生都离不开宪法，以后要更加尊崇宪法、学习宪法、遵守宪法、维护宪法、运用宪法"。

中国式民主的侨都实践

作者：张丽娥　黄　靖

来源：原刊于《民主与法制》周刊 2023 年第 46 期

　　"我建议优化农村的无障碍设施，方便我们残疾人出行。" 2022 年 12 月，著名侨都广东省江门市的江海基层立法联系点，在威东村组织开展无障碍环境建设法（草案）立法意见征集时，收到了村中残疾人代表吴腾信提出的一条立法意见。很快，这条立法建议就被江海基层立法联系点上报给全国人大常委会法工委，并被新颁布的无障碍环境建设法第一章第五条正式采纳，于今年 9 月 1 日起施行。

　　"小" 站点发挥 "大" 作用，吴腾信的故事，正是江海基层立法联系点积极践行全过程人民民主的一个缩影。作为广东省第一个也是唯一一个全国人大常委会法工委基层立法联系点，江海基层立法联系点积极作为，把立法 "大门" 开到群众 "家门口"，大力推进基层立法联系点与人大代表联络站融合建设，不断丰富全过程人民民主的内涵，以生动的实践诠释着中国式民主的独特魅力。

侨都声音　直达国家立法机关

　　作为全国闻名的侨都，江门与港澳地缘相近、文脉相亲，

500 多万名江门籍港澳台同胞和海外侨胞遍布全球。江海基层立法联系点紧扣自身特色，扎根五邑侨乡，倾听侨胞心声意愿、维护侨胞切身利益，其日常工作不仅辐射到整个广东，还将中国的民主故事传播到更远的地方。

"治安管理处罚法就要修订了，想听听大家对修订草案的意见建议。"9 月 21 日，阳光明媚，在江门市火炬大厦一楼的江海基层立法联系点，一场关于治安管理处罚法（修订草案）的征求意见座谈会正在召开，来自江门市公安局江海分局的多位代表各抒己见、踊跃讨论。此前，在江海区江南街道人大代表团的微信群及江翠社区里，同一主题的意见征求座谈会已结出累累硕果。线上线下相结合，向尽可能多的群体就相关法律草案的内容征询意见，正是江海基层立法联系点工作人员们的日常。

走进江海基层立法联系点，只见空间布局紧凑，遍布法治元素。走上二楼，在 1200 平方米活动中心，多功能培训室、会议室、办公室等一应俱全，法治书章、法治长廊、宪法历程景墙、民法典景墙等串联巧妙。望向窗外，在 5500 平方米的法治广场中央，立着一座巨型的宪法书章，造型宏伟，洁白庄严。"立法联系点原本设在二楼，后来我们扩建了一楼，并增设了人大代表联络中心，就是为了更接地气，更好地发挥察民情、聚民智、惠民生的作用。"江海基层立法联系点工作人员李艳华介绍道。

记者发现，在江海基层立法联系点周边，不仅有江海政务服务中心、华侨华人创业创新基地，还分布了不少高新技术企业。"江海基层立法联系点从诞生到现在，我见证了它的整个成长历程。随着时间的推移，还有许多法务资源在此集聚，如江海区公共法律服务中心、广州知识产权法院江门巡回审判法庭、深圳国际仲裁院江门中心等，这也方便了立法联系点听取各界群众的意见。"李艳华说。

据了解，江海基层立法联系点十分注重阵地建设，不仅在硬件上下功夫，其职能作用也由"立法中"向"立法前""立法后"不断延伸，成为服务于"参与立法、监督执法、普法守法、社会共治"的"建言站、直通车、助推器、宣传台"，让老百姓在家门口就可以参与民主立法，为全区乃至全市实践和发展全过程人民民主提供了强有力的平台阵地。

以侨为"桥" 扩大立法联系工作队伍

近年来，江海基层立法联系点积极发挥桥梁作用，充分挖掘侨都立法资源，与江门市侨联、江门市侨务局等达成合作关系，加强与港澳江门同乡会、海外侨团和留学生组织的联系，推动港澳同胞、海外侨胞参与国内立法的积极性稳步提升。同时，与广东省总工会、江门市委依法治市办等建立合作关系，共享市人大常委会、市政府立法联系资源，实现立法、执法、普法等各环节的全市联动。

　　在江门市，作为主要工作抓手的立法联络单位从最初的 5 个，增加到如今的 59 个，包括村（居）委会、人大代表联络站、高新企业、行业协会、市侨商总会等；组建了由 61 名立法联络员和 350 名信息员构成的立法联系工作队伍，江海基层立法联系点立法联系工作的"朋友圈"正在不断扩大。

　　与此同时，为了激发更多群众积极参与立法活动，江海基层立法联系点不断完善立法意见征集工作流程，创新开拓了调研、论证、民主议事、在线收集等征听渠道，率先在社区组织"立法意见义务收集员"，加强"群言群语"与"法言法语"翻译转换，客观全面了解、最大限度收集、原汁原味反映群众意见。此外，总结推广了外海街道"社会治理一条街"、江南街道江翠社区"社区议事会"、礼乐街道英南村"榕树下座谈"等典型经验做法，推广至江海街道、社区、乡村各层次各领域。

　　位于江海区江南街道的江翠社区，是广东省人大常委会基层立法联络单位，也是江海基层立法联系点立法联系单位之一。长期以来，江翠社区不断探索，努力推动普法宣传、法治评估、基层治理等工作相融互促，逐步摸索出了一条激发社区居民积极参与立法工作的路径。逐步建立完善立法意见义务收集员制度，招募了一批热心社会服务、法治意识强、群众威望高的党员、退休干部和行业代表作为义务收集员，人员队伍从最早的 10 人发展到现在的 83 人。

今年 72 岁的唐桐训，是江翠社区的一名立法意见义务收集员。平日里，他总是走访于社区楼栋之间，倾听街坊们的诉求，从社区居民处收集立法意见。参与立法建议收集工作多年，在他看来，"把大家的意见整合起来，并提交给基层立法联系点，最后能在法律起草中留下自己的思考和印记，是一件很有意义的事"。

随着参与立法工作的不断深入，江翠社区还探索了"宣传、学习—征求、收集意见—整理、归类及初步筛选—讨论、论证和表决—文稿整理—提交意见征集机关"的六步工作法，并在立法意见义务收集员和居民中选举产生了"议事委员会"成员，不定期举办立法、普法、释法知识讲座，邀请市、区人大专家学者和社区法律顾问进行授课，越来越多的居民群众开始主动参与立法活动。同时，借助基层立法联系点，民意、民情、信息在此交汇，一批群众"急难愁盼"问题得以推进解决，使立法内容更加科学、合理，也让立法过程成为普法过程。

"每次意见稿下来，我们一般都会召开两到三次座谈会。有的群众因为各种原因不愿意发声，我们就会说，你有监督的权利，广泛听取民意正是全过程人民民主的要求。如今，群众参与立法活动的积极性也越来越高。"江翠社区党支部书记李小霞介绍道。

侨都赋能　不断提高立法质量

推进科学立法，关键是完善立法体制，深入推进科学立法、民主立法，抓住提高立法质量这个关键。当前，不断提升立法工作的精度和质量，成为江海基层立法联系点的重要目标。

江海基层立法联系点紧密结合"侨都赋能""港澳融合"工程实施，主动融入地方发展大局，开展了一系列调查研究和联络工作，结合有针对性的问卷调查，就维护侨胞合法权益、密切与侨胞互动联系等主题撰写调研报告，让侨胞的声音原汁原味地抵达国家立法机关，不断满足人民群众对美好生活的向往。

在机制建设上，江海基层立法联系点从征集立法意见的基本职能、拓展联系网络的组织职能、深化监督实效的监督职能、保障代表履职的服务职能、挖掘民主故事的宣传职能、推进自身建设的内控职能等六个方面入手，对立法信息采集流程、会议培训组织管理、联系联络意见反馈等各项工作进行责任分解，健全完善相关制度规定体系。探索形成"草案收文—方案制定—意见征集—意见整理—情况撰写—意见审定—意见上报—材料归档"的"八步流程工作法"，建立健全"立法意见征集—归纳整理上报—采纳情况分析—征集对象反馈"的"四步工作闭环"，实现了立法意见办理工作"一条龙"。

同时，江海基层立法联系点坚持每开展一次立法意见征集，立法联系网络就延伸开拓一步，发掘了一批具有较强建言议政能力的群众代表，充实了涵盖社会各领域、各行业、各层次的立法联络单位，建立了由121名学者和专业人士组成的立法联系咨询专家库，着力打造高质量的立法"智囊团"，让立法建议更专业、更具决策参考价值。

截至目前，江海基层立法联系点共完成69项立法意见征集任务，上报1553条意见建议，156条被采纳。其中，已审议通过的54个立法项目中，上报意见建议897条，被采纳156条；正在审议的15个立法项目中，上报意见建议656条，先后围绕爱国主义教育、侨捐物资管理、制止餐饮浪费等课题开展专题调研，完成多篇高质量专题调研报告，在全国人大常委会法工委刊发19篇简报，为良法善治贡献了江海力量。

扎根江海、立足江门、辐射广东、展望湾区、面向世界。下一步，江海基层立法联系点将继续发挥好吸纳民意、汇集民智的重要作用，为地方立法工作贡献力量，让更多立法成果惠及人民群众，不断擦亮"贴近港澳、亲近华侨、联通海外"的独特品牌，奋力绘就新时代全过程人民民主的"岭南画卷"。

江海区立足侨都特色
擦亮基层立法联系点"国字号"品牌

作者：陈　婵

来源：原刊于《江门日报》2024 年 1 月 27 日

2023 年，是江海区人大常委会成为"国字号"基层立法联系点三周年。这一年，江海区人大常委会高光不断，作为广东省唯一的"国字号"基层立法联系点，受邀在全国、全省基层立法联系工作交流会上作经验介绍，讲述一个个彰显全过程人民民主的"新故事"；立法意见征询的触角延伸至珠三角、粤港澳大湾区，越来越多的"新朋友"参与立法意见征集活动，立法的覆盖面更广，专业度更高……一个个精彩纷呈的新实践，见证着江海基层立法联系点践行全过程人民民主的"新气象"。

回首 2023 年，江海区立足侨都特色，擦亮基层立法联系点"国字号"品牌——深入学习贯彻习近平法治思想，积极践行全过程人民民主，坚决贯彻落实上级部署要求，创新推进基层立法联系点建设各项工作，不断擦亮"贴近港澳、亲近华侨、联通海外"的独特品牌，为描绘新时代全过程人民民主的"岭南画卷"提供了鲜活样本。经过一年的探索实践，江海基层立法联系点共完成 25 项立法意见征集任务，上报意见建

议 825 条，其中已通过的 15 个立法项目中有 63 条意见建议被采纳。

一、立法联系网络有了"新扩展"

2023 年，吴腾信、唐桐训、区凤莲、陈奭荣……他们的名字被频繁提起，更出现在国家立法工作的情况介绍中，他们来自乡村、社区、田间地头，是残障人士、退休职工、社区干部、种粮大户，在他们身上，有着一段段感人的立法故事。

"希望能优化农村无障碍设施，方便残疾人出行。"礼乐街道威东村村民吴腾信在无障碍环境建设法（草案）意见征集"板凳会"上为残疾人发声的故事令人感动。2023 年 4 月，全国人大常委会法工委主任沈春耀委托时任全国人大常委会法工委办公室主任孙镇平专门来看望他。两个月后，无障碍环境建设法被表决通过，吴腾信提出的立法意见建议也被写进了该法。

同样令人感动的还有全国人大代表、台山市绿稻农场场长陈奭荣。2023 年是他回乡种田的第九个年头，也是他当选全国人大代表履职的第一年。在粮食安全保障法草案的意见征集过程中，他结合自己的创业经历，通过江海基层立法联系点提出了自己的意见："建议草案增加对从事粮食种植技术研究和开展粮食产业化种植群体的鼓励支持措施。"这一条建议也被写进了该法。

近年来，江海区立法联系网络有了"新扩展"。对此，江海基层立法联系点工作人员李艳华深有感触。2020 年 7 月，江海区人大常委会被确立为全国人大常委会法工委基层立法联系点，急需法学专业人才。作为一名法学专业研究生，李艳华被调到江海区人大常委会专职从事基层立法联系点工作。她说："我见证了江海基层立法联系点的整个成长历程。去年，我们有了新的创新探索，在开展立法意见征集工作的同时，深入挖掘发生在群众身边的民主故事，立体化呈现全过程人民民主在街道、社区、乡村各层次各领域的生动实践。"

与此同时，江海基层立法联系点把听取民意的触角延伸到更广阔的基层，还借助专业智囊"外脑"促进立法工作优势互补，将立法意见征询的触角延伸至珠三角、粤港澳大湾区，扩大参与立法的"朋友圈"。2023 年，区人大常委会与省总工会、省律协、江门市中级人民法院、江门市人民检察院、江门市侨务局、深圳国际仲裁院江门中心等分别签订了加强基层立法联系点建设合作框架协议，实现立法、司法、执法、普法、高端法律服务等各环节的省、市、区联动。

2024 年 1 月，江海基层立法联系点与北京市盈科（广州）律师事务所签订《加强基层立法联系点建设合作框架协议》，立法意见征询的"朋友圈"又扩大了。

"江海基层立法联系点坚持立法意见征集每开展一次，立法联系网络就向前开拓一步，发掘更多具有较强建言议政能力的群众代表，进一步充实涵盖社会各领域、各行业、各层次的立法联络单位和咨询专家库，丰富和延展收集社情民意的网络。"李艳华表示。

如今，江海基层立法联系点已经设立了 59 家立法联系单位，建立了由 121 名专家学者、专业人士组成的立法联系咨询专家库，组建了由 61 名立法联络员、350 名信息员构成的立法联系工作队伍，构建起"扎根江海、立足江门、辐射广东、展望湾区"的工作网络。

二、赋能基层治理有了"新贡献"

步入江海区人大代表联络中心，拾级而上，便是二楼的江海基层立法联系点活动中心，二者紧密相连，实现了立法意见征集、代表履职服务和法治宣传教育各环节的功能耦合，如今已经累计接待党员干部群众上万人次，成为全区乃至全市加强法治文化建设的重要阵地。

"在日常工作中，依托江海区人大代表联络中心，可以发挥好人大代表履职为民的作用，还可以组织人大代表提出高质量的立法建议，按照'原汁原味'吸纳民意的功能定位，全方位反映和上报基层意见。"江海区委副书记、区人大常委会党组副书记黄星表示。

如今，不只在基层立法联系点，江海区人大常委会还将立法意见征集网络延伸至各街道、村（社区），鼓励各立法联系单位充分发挥自身特色，打造自身"品牌"。

在江海区，大部分村（社区）里都有几棵大榕树，这里是街坊邻里聊家常、休闲娱乐的地方，如今也成为征集立法意见的好地方。"村民喜欢在大榕树下活动，我们干脆把横幅拉过去，就地征集立法意见，效果特别好！"外海街道直冲村党委书记、村委会主任郭卫强说。

2023 年 3 月，在直冲村党建广场榕树下，江海基层立法联系点立法工作人员与基层干部群众围坐在一起，以聊天的形式开展十四届全国人大常委会立法需求及立法工作意见征集系列活动，认真倾听群众关于加强基层治理重点领域方面的立法需求，为群众答疑解惑，听取并收集群众"原汁原味"的意见建议。

如今，江海区各街道、村（社区）都在创新探索，因地制宜，将基层立法联系工作和代表工作融入基层社会治理体系。江南街道在江翠社区创新设立"家门口"民意驿站，融合居民协商议事、立法意见征集、代表接访等功能，打通代表联系群众的"最后一米"；外海街道以代表联络站为活动平台，将"榕树下议事"拓展到公园、广场、校园，倾听群众心声；礼乐街道依托党建示范村、村民议事会，开展"党建 + 基层治理 + 立法"的有益尝试，提高基层群众和社会单位的参与度，打造了多个基层治理的先进典型。

此外，江海区人大常委会还积极推动立法联系工作融入基层社会治理，聚焦全区重大社会治理需求，推动市域社会治理现代化建设，让代表深入基层。2023 年，江海区人大常委会"在听民声汇民智中推进全过程人民民主"项目入选江门市第二届"十大法治惠民实事项目"。

三、展示全过程人民民主有了"新窗口"

"当我第一次走进江海基层立法联系点时，感觉到很震撼，也正是那一天让我对'民主'有了更深刻的认识和理解。"这是香港恒生大学传播学院院长曹虹参观完江海区人大代表联络中心和基层立法联系点活动中心的直观感受。他表示，江门离香港仅有 200 多公里，大约 3 小时车程，地缘相近、人缘相亲，人员往来频密，是香港同胞了解广东乃至内地的重要窗口。

2023 年 3 月，江海区人大代表联络中心刚刚建成启用，曹虹在香港江门五邑侨联联谊总会、香港江门五邑同乡联谊总会的邀请下，带领 30 名学生在江门开展了为期 3 天的访问。"生活在香港，'民主'二字耳熟能详。但我也从未想过一个村民、一个学生、一个职工，能够真真正正参与国家法律的制定，最基层的声音也能真实地传递到中央，落实到法律中来。"回到香港后，曹虹还不时向身边的朋友讲述着全过程人民民主在江海的生动实践。

除了港澳台同胞，去年，江海基层立法联系点也迎来了很多外国友人。

同年 4 月，江海基层立法联系点迎来了自设点以来的首批外国客人——当天，来自博茨瓦纳、莱索托、马拉维、纳米比亚、塞舌尔、索马里、乌干达、赞比亚等国家和地区的 21 名议员实地走访，用眼睛、耳朵、心灵去体会"全过程人民民主"背后的含义。

参观期间，江海基层立法联系点的工作人员还特别向客人介绍了残疾人吴腾信积极参加无障碍环境建设法（草案）立法意见征集活动，时任全国人大常委会法工委办公室主任孙镇平看望和鼓励吴腾信的故事。

听完介绍后，索马里人民院议员、劳动与社会事务部国务部长优素福·穆罕默德·阿丹产生了浓厚兴趣。他说："在江海基层立法联系点，我看到了当地政府和立法机构如何确保人民更好行使手中的权力。中国政府作出了很多努力，来建立政府和人民之间更直接的联系。通过这种联系，人民的利益和需求能够更直接地向上传递。"

作为展示全过程人民民主的"新窗口"，过去一年，江海基层立法联系点已经接待海内外来访团组 170 余批次，得到各级人大代表、广大人民群众和来访客人的高度评价。"该处面积不大，但是意义非凡——它是地方落实全过程人民民主的重要落地点。"全国人大代表、全国青联副主席、香港立法会议员霍启刚评价道。

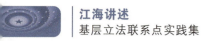

"参观考察是让海内外来宾实地了解基层立法联系点有关情况的重要途径，也是展现中国式民主运行过程的有效方式。"江海基层立法联系点工作人员表示。

未来，江海基层立法联系点将继续搭建好江门480多万群众和530多万江门籍港澳台同胞、海外侨胞与最高国家立法机关之间的"直通车"，在密切联系基层群众、广泛征集意见建议上提质增效，在挖掘侨都立法资源、赋能基层社会治理上破题深化，在深化全过程人民民主、推进人大工作高质量发展上展现作为，在讲好江海民主故事、建设江海法治文化上开拓创新，助力提升市域社会治理现代化水平，不断书写中国特色社会主义法治道路的侨都新篇章。

"全过程人民民主"走到家门口：
基层立法联系点里的那些细节

作者：杜寒三　陈　存　蒋敏玉

来源：原刊于《南方周末》2024 年 3 月 7 日

"在家门口就能议国家大事。"在离北京人民大会堂直线距离 1675 公里的广西壮族自治区柳州市三江侗族自治县冠洞村，村党总支书记、村委会主任石广迪听到了村民这样的说法。

村民口中的国家大事，是指参与立法。

作为国家级基层立法联系点，三江县人大常委会确定了包括冠洞村在内的 13 个单位为立法信息采集点。群众的意见建议通过直报机制，可达全国人大常委会。

建立基层立法联系点是中共十八届四中全会提出的要求。2014 年 10 月，《中共中央关于全面推进依法治国若干重大问题的决定》提出，"健全向下级人大征询立法意见机制，建立基层立法联系点制度"。

一年后，全国人大常委会法工委将上海市长宁区虹桥街道办事处、甘肃省临洮县人大常委会等 4 个单位设为首批基层立法联系点试点单位。

2019 年 11 月，中共中央总书记习近平在考察上海虹桥街道基层立法联系点时，首次提出"人民民主是一种全过程的

民主"。

2020 年，三江县被确定为第二批全国人大常委会法工委基层立法联系点，也是目前国家级基层立法联系点中唯一的民族自治县。

进入 2024 年，首批国家级基层立法联系点获批后的第十个年头，全国基层立法联系点已增至 45 个，实现 31 个省（区、市）全覆盖。

这些基层立法联系点给立法机关提供了大量的意见。最新的统计数据显示，2023 年 3 月以来，通过基层立法联系点，全国人大常委会先后就 27 部法律草案和立法规划稿征求群众意见、建议 9394 条。

2023 年 2 月，接受《南方周末》记者采访时，时任全国人大常委会法工委办公室主任孙镇平（现任全国人大常委会法工委副主任）表示，基层立法联系点覆盖区域由最初的东南沿海地区、经济发达地区、城市地区逐渐向边疆少数民族地区、东北产粮地区、农村乡镇地区扩展延伸，覆盖人口也在逐步增加，"推动了人民有序参与国家立法过程，丰富了全过程人民民主的生动实践"。

不是一蹴而就的事

如何解释"基层立法联系点"？ 2015 年 7 月，上海长宁区虹桥街道办事处成为首批基层立法联系点后，很快就遇到了第一个困难。

用长宁区人大虹桥街道工委专职干部梁颖燕的话说，"如果不知道联系点是干什么的，根本就提不出意见"。

在征集立法意见前，虹桥街道工作人员走进社区，先就如何解释基层立法联系点征集了一次民意。

有居民画了幅漫画，后来被贴在基层立法联系点展示厅墙上：一侧是街道的标志性建筑广播大厦，另一侧是人民大会堂，中间画了座彩虹桥，一只鸽子嘴里叼着封信。

2024 年 3 月 4 日，梁颖燕说："基层群众对立法的意见建议，可以通过联系点，直接带到最高立法机关。"

被招募为第一批信息员后，上海康明律师事务所主任吴新慧对此有了切身体会。

2015 年 9 月，虹桥街道基层立法联系点第一次收到全国人大常委会通知，征询反家庭暴力法（草案）的意见。当时吴新慧正在代理一起案件，一位 90 多岁的瘫痪老人被女儿殴打。吴新慧据此提出，老年人也应纳入反家庭暴力法保护的对象，建议增加保护老年人不受家庭暴力的法律条文。

法律颁布后，经过比对，这条建议被采纳列入法条。

中国法学会立法学研究会常务副会长、中国人民大学法学院教授冯玉军告诉《南方周末》记者，无论是在省级还是中央层面，"对于应不应该制定，怎样制定，什么时候出台某部法律"，立法时都会在体制内层层向下征求意见。

但在三江县人大常委会副主任邱阳军看来，一些政府部门日常工作较多，而且担心"万一说不好，触碰红线"，会出现"没有意见"的情况，而老百姓与政府部门不同，"有什么就说什么"。

当然，设立基层立法联系点后，想充分倾听民意也不是一蹴而就的事。

2015年5月和11月，广东省江门市江海区人大常委会先后成为江门市人大常委会、广东省人大常委会的基层立法联系点。2020年7月，江海区人大常委会又被确定为全国人大常委会法工委基层立法联系点。

联系点工作人员李艳华告诉《南方周末》记者，工作刚起步时，因人大常委会办公地设在机关大院，"老百姓没地方发表意见"。而在人大微信公众号发布征求意见的通知，一般只有几十个阅读量，反馈的人数经常为零。

通过实践，她得出结论，涉及切身利益的法律，群众参与的积极性更高。因此方案制定尤为重要，需要根据法律法规草案或立法项目的特点，确定意见征集的对象、范围、开展方式等。

在江海区人大常委会征集对农村集体经济组织法（草案）的意见时，讨论就很热烈。参会的农民和村干部，在"会场上都要吵起来了"。这部规范农村集体经济的法律，涉及股东成员的资格认定。争论的焦点之一是，不在农村生活的农村户籍人口，是否能享受集体经济分红。

如今，江海基层立法联系点已经形成了规范化的立法意见征集流程。截至 2024 年 2 月，这一市级、省级和国家级"三级"立法联系点共完成 82 项立法意见征集任务，上报 1875 条意见建议。在已审议通过的 64 个立法项目中，上报意见建议1204 条。

直报保证"原汁原味"

一位参与起草党的十八届四中全会决定的学者向《南方周末》记者回忆，当时秉持的重要观点是"扩大立法的民主性，让立法联系人民"，在起草文件时，要求从立法、执法、法律监督等角度，列出各地创新举措。围绕立法民主性，提出了建立基层立法联系点制度。

在地方实践中，建立基层立法联系点的探索，最早可追溯到 2002 年。

"临洮的立法联系点自设立以来，一直没有中断过"，根据中国人民大学国家发展与战略研究院副教授孙龙的考察，2002年甘肃省人大常委会法工委的立法调研组在行至临洮县时，当地人大的工作人员结合本地实际情况，就治安管理处罚条例（草案）提出建议。经调研组反馈后，部分内容被后来修订出台的治安管理处罚法吸纳采用。

彼时临洮县和所在的定西市都没有立法权，但是基层人大的工作人员多次凭借工作经验，对法律草案提出有价值的意见。

孙龙在《基层立法联系点制度的起源与历史演进》一文中写道，在讨论如何对临洮县人大常委会这些与省级地方立法机关保持密切联系的基层单位命名时，有工作人员建议借鉴甘肃省和一些地方在 20 世纪 90 年代设立扶贫工作联系点的做法，使用"立法联系点"这个名称。

2002 年底，甘肃省人大常委会法工委正式向主任会议建议推行立法联系点制度。经讨论决定，在临洮县等 5 个县区挂牌"甘肃省人大常委会地方立法联系点"，开展试点工作。

2015 年 7 月，全国人大常委会法工委确定首批基层立法联系点时，甘肃省临洮县人大常委会被列入。

5 年后，全国人大常委会法工委又增设广西三江侗族自治县人大常委会等 5 家单位为基层立法联系点，并增加中国政法大学为立法联系点。

邱阳军介绍，同三江县竞争的几个县市，"条件都比我们好"。之所以最终入围，是因为全国人大常委会法工委领导调研后，考虑到当地民族和区位特点。

他解释，地处桂湘黔三省交界地带的三江县，是全国最早成立的侗族自治县，也是侗族人口最多的自治县。

三江县基层立法联系点授牌启动会上，再次沟通了《全国人大常委会法制工作委员会基层立法联系点工作规则》中明确的直报机制。邱阳军说，在征集到意见、建议后，抄送一份给柳州市和广西壮族自治区人大常委会，但"不是征得同意后才上报，而是直报国家立法机关"。抄送的意义只在于，"向领导汇报工作"。而这样的直报机制，可以保证把群众诉求"原汁原味"反馈给国家立法机关作研究吸纳的参考。

多听学者的，还是多听群众的？

在基层立法联系点工作近 3 年后，梁颖燕发现，"全国人大对各联系点征求意见的法律会有差异，根据区域特点、资源禀赋等有针对性地开展意见征询"。

近年来，上海市长宁区虹桥街道办事处受委托，先后就增值税法、金融稳定法、关税法等开展意见征询。她认为，之所以征求意见集中在金融领域，是觉得"上海是一个金融中心"。

2023 年底，虹桥街道办事处又接到新任务，对国境卫生检疫法修订草案征求意见。这让梁颖燕诧异，但很快又消除了疑惑：辖区内涉外居民区、国际学校、外资企业集聚，还分布着 21 家驻沪领事机构，"出入境的人特别多"。

作为首批而且是设在街道的基层立法联系点，虹桥街道有竞争的压力。

与设在市一级的立法联系点相比，街道能调动的资源有限。从 2022 年开始，虹桥街道启动"国沪联动"模式，与 25 个市级基层立法联系点合作征求民众意见。

在征求意见过程中，梁颖燕注意到，群众的意见更多只是情感上的表达，更关心法律能否有效地解决现实问题。而辖区单位的专家学者和法律工作者，倾向于文字表述的精确性和法条规定的可实施性，"提的建议质量高一点"。

应该更多听取前者的建议，还是后者？

"天平还是更倾向群众。"在她看来，全国人大并不缺少专家资源，会组织大量专家座谈会。在街道基层，就是要听到老百姓普遍的想法。

在不少受访专家看来，基层立法联系点是全过程人民民主的重要形式。

清华大学政治学系副主任谈火生，曾撰文解释"全过程人民民主"。他认为，这包括民主的主体要"全"，必须将"全体人民"都纳入民主过程，要特别注重从体制和机制上解决弱势群体、边缘群体参与渠道的问题。

此外，还包括覆盖的范围要"全"，从立法、行政到社会生活，从中央、地方到基层，都要建立民主选举、民主决策、民主管理和民主监督的民主制度。

不仅是在人大工作中，冯玉军说，全过程人民民主还体现在政府、司法和政协等工作的方方面面，"社会越来越复杂，所做的事情也高度专业化"。他是首批全国政协参政议政人才库特聘专家，给政协工作提过建议。

这样的认知和感受，也体现在2024年全国"两会"上。3

月 3 日，十四届全国人大代表、重庆市九龙坡区谢家湾教育集团总校长刘希娅在个人微信公众号上撰文谈履职感受时便写道，"对全过程人民民主有了更深刻的理解和领悟"。

"派单"改"点单"

随着全过程人民民主的提出，全国人大常委会法工委对联系点工作有了进一步的要求，"由立法中，向立法前和立法后延伸"。

2020 年 9 月，反食品浪费法（草案）尚未公开征求意见，李艳华所在的江门市江海区基层立法联系点，就收到了全国人大常委会法工委派去的制止餐饮浪费调研任务。

调研提纲中列了 3 个问题：本地区食品浪费的基本情况，本地区防止食品浪费的做法、经验和问题，对制止餐饮浪费专项立法工作的意见建议。最终，江海基层立法联系点形成了 15 页共七千多字的调研报告。

在冯玉军看来，就体制机制而言，基层立法联系点属于立法制度，但从根本性质的角度看，又带有很强的基层治理和基层民主的属性。

孙龙也持相近观点，"立法工作需要贯彻科学立法、民主立法和依法立法三项原则"，建设基层立法联系点，"更主要是贯彻民主立法这个原则"。

2022 年，"健全吸纳民意、汇集民智工作机制，建设好基层立法联系点"被写进中共二十大报告，具体章节便是安排在"发展全过程人民民主，保障人民当家作主"板块，而不是在"坚持全面依法治国，推进法治中国建设"的板块中。

直到此时，"基层立法联系点"都还是仅出现在党内文件中。

2023年，修改后的立法法明确了"全国人民代表大会常务委员会工作机构根据实际需要设立基层立法联系点"。冯玉军认为，写进法律有助于基层立法联系点的合法化和规范化。

经过近10年的发展，众多基层立法联系点目前面临一个共性的问题，即"如何让基层群众对国家立法工作一直保持新鲜感，有很高的参与热情？"

李艳华对此深有感触，全国人大常委会法工委曾下发外国国家豁免法意见征集任务，参与者寥寥，找到中山大学的学者才提出了20多条建议。

三江县的做法是，在当地地标性广场，将经过比对被采纳的意见建议和意见建议提出者照片张贴在宣传栏，以鼓励大家的积极性。邱阳军认识的一个人，就拉着朋友到广场看他提出的建议，"我有这水平的喔"。

全国人大也一改以往做法，从"派单"改为由各地"点单"。

2024年初，全国人大常委会法工委将常委会立法计划发给基层立法联系点，由各地根据实际情况自行选择。在邱阳军看来，这将更有针对性，"真真切切地调动老百姓参与立法工作"。

多位受访者表示，目前，全国人大常委会法工委并未对各地上报意见建议和采纳数量进行考核。

用邱阳军的话说，在三江县这个更靠近末梢的地方，更大的作用是践行全过程人民民主，"而不是陷入数字上的竞争"。

据他介绍，三江县编制了《基层立法联系点中长期发展规划》。下一步，当地将继续为桂湘黔六县少数民族群众表达诉求和反映社情民意搭建平台。同时拓展区域协同工作内容，在服务国家立法的基础上，将协同内容拓展到人大监督、普法执法、基层治理等事项，将区域协同立法与区域发展同部署、同推进。

在邱阳军看来，基层立法联系点的触角，伸到了像三江县这样的地方基层，打通了贯彻全过程人民民主的"最后一公里"。

Legislative input points for the public

作者：杜寒三　陈　存　蒋敏玉

来源：原刊于 *China Daily* 2024 年 3 月 11 日

Outreach offices provide means for grassroots participation in nation's legislature

Local legislative outreach offices provide shining examples of the "whole-process people's democracy" advocated in China. GDToday shares the practice of the mechanism in Guangdong and some other regions in China in the following story. The Chinese version was initially published in Southern Weekly.

"Now we can discuss national affairs on our doorstep," said villagers in Guandong village, Sanjiang Dong autonomous county, Liuzhou city, Guangxi Zhuang autonomous region, 1675 kilometers away from the Great Hall of the People in Beijing. When they talk about national affairs, they mean participating in legislation.

As a local legislative outreach office, or LLOO, the Sanjiang county people's congress standing committee has identified 13 units, including Guandong village, as legislative information collection points.

Villagers' suggestions can be conveyed to the Standing Committee of the National People's Congress through a direct submission mechanism.

The establishment of LLOOs is a requirement put forward by the fourth plenary session of the 18th Central Committee of the Communist Party of China. In October 2014, the Decision of the CPC Central Committee on Major Issues Pertaining to Comprehensively Promoting the Rule of Law proposed: "Improve the mechanism for soliciting legislative opinions from grassroots-level people's congresses and establish an LLOO system."

One year later, the Legal Affairs Committee of the NPC Standing Committee designated four units, including the Hongqiao subdistrict office of Changning district, Shanghai, and the standing committee of the people's congress of Lintao county, Gansu province, as the first batch of pilot LLOOs.

In November 2019, the top Chinese leader proposed for the first time that "people's democracy is a whole-process people's democracy" when inspecting the LLOO in the Hongqiao subdistrict, Shanghai.

In 2020, Sanjiang county was identified as part of the second batch of LLOOs of the Legal Affairs Committee of the Standing Committee of the NPC. It is also the only ethnic autonomous

county with national-level LLOOs.

2024 is the 10th year since the establishment of the first batch of national-level LLOOs. The number of national LLOOs has increased to 45, covering 31 provinces, municipalities and autonomous regions across the country.

These LLOOs provide a wealth of input to the nation's top legislative body. The latest statistics show that since March 2023, the NPC Standing Committee has solicited 9394 suggestions and opinions from the public through the LLOOs on 27 draft laws and draft legislative plans.

In an interview with Southern Weekly in February 2023, Sun Zhenping, then director of the Legal Affairs Committee Office of the NPC Standing Committee, who is currently deputy director of the Legal Affairs Committee of the NPC Standing Committee, said the area covered by LLOOs has shifted from the initial southeastern coastal areas, economically developed areas, and urban areas to border areas, northeastern regions and rural areas, and the involved population is also gradually increasing.

"This promotes people's participation in the country's legislation and is a vivid practice of whole-process people's democracy," he said.

Persistent efforts

How to explain the role of an LLOO? In July 2015, the Hongqiao subdistrict office in Changning district, Shanghai, became one of the first batch of LLOOs, and soon encountered its first difficulty.

"If you don't know how the contact point works, you won't be able to give suggestions at all," said Liang Yingyan, an official of the Hongqiao subdistrict working committee of the Changning district people's congress.

Before soliciting legislative opinions, the Hongqiao subdistrict office visited local communities and solicited public opinion on how to introduce an LLOO.

A resident drew a cartoon, which was posted on the wall of the LLOO exhibition hall. The picture shows that on one side is the subdistrict's landmark broadcasting building, and on the other side is the Great Hall of the People, connecting with a rainbow bridge on which a pigeon holds a letter in its beak.

"The opinions and suggestions of residents on legislation can be directly submitted to the top legislature through the LLOO." Liang said on March 4, one day prior to the opening of the ongoing second session of the 14th NPC in Beijing.

After being recruited as one of the first batch of information officers, Wu Xinhui, director of Shanghai Kangming Law Firm, shared her experience of this system.

In September 2015, the LLOO of Hongqiao subdistrict received a notice from the NPC for the first time, soliciting opinions on the Anti-Domestic Violence Law (Draft). At that time, Wu was representing a case in which a paralyzed old man in his 90s was beaten by his daughter.

Based on this, Wu proposed that the elderly also be included in the protection targets of the Anti-Domestic Violence Law, and suggested adding legal provisions to protect the elderly from domestic violence. After the law was officially promulgated, she found this suggestion was adopted and included in the law.

The legislature also has other ways of soliciting opinions.

Feng Yujun, executive vice-president of the Association of Legislation of the China Law Society and a professor at the Law School of Renmin University of China, told reporters that when making legislation, the authorities will solicit opinions from all levels on "whether a certain law should be enacted, how it should be enacted, and when it should be promulgated".

However, according to Qiu Yangjun, deputy director of the standing committee of the Sanjiang county people's congress, some government departments have a lot of daily work, and they are worried about troubles "if they say something bad", so they will say they have "no opinions", while residents with no government positions can give their opinions bluntly.

But getting public opinions even after establishing LLOOs isn't accomplished overnight.

Extensive engagement

In May and November 2015, the standing committee of the people's congress of Jianghai district, Jiangmen city, Guangdong province, became the LLOO for the standing committee of the Jiangmen city people's congress and the Standing Committee of the Guangdong Provincial People's Congress.

In July 2020, the Jianghai district people's congress standing committee was identified as an LLOO of the Legal Affairs Committee of the NPC Standing Committee.

Li Yanhua, a staff member at the contact point, told the media that at the beginning, the office of the standing committee of the Jianghai district people's congress was located in the government office building, "so residents had no idea where to express their opinions". When posting notices for soliciting opinions on the official WeChat account, there were only a few dozen views, with almost no replies.

Through practice, she found that people are more motivated to participate in laws that involve their own interests. Therefore, it is particularly important to first make a plan. It should determine the objects, scope, and methods of soliciting opinions based on the characteristics of draft laws and regulations or legislative projects.

When the standing committee of the Jianghai district people's congress solicited opinions on the Rural Collective Economic Organization Law (Draft), the discussion was heated. The farmers and village cadres who participated in the meeting "were about to start a quarrel".

This law will regulate the rural collective economy and involve the qualifications of shareholder members. One of the issues in focus is whether rural residents who do not live in rural areas can enjoy collective economic dividends.

Currently, Jianghai district's LLOO has completed a standardized legislative opinion collection process. As of February 2024, the "three-level" legislative contact point at the municipal, provincial and national levels has completed a total of 82 legislative opinion collection tasks and reported 1875 opinions and suggestions. Of the 64 legislative items that have been reviewed and passed, 1204 opinions and suggestions have been submitted.

The elite or the public?

Listen to scholars, or listen more to ordinary people?

After working at an LLOO for nearly three years, Liang Yingyan found that the NPC Standing Committee conducts differentiated consultations for lawmaking, based on the regional characteristics and resource endowment.

In recent years, Shanghai's Hongqiao subdistrict office was entrusted to launch consultation on the Value-added Tax Law, Financial Stability Law and Customs Tariff Law.

In her opinion, the reason why the consultations are focusing on the financial field is that "Shanghai is an international center".

At the end of 2023, the Hongqiao subdistrict was entrusted a new task, launching the consultation about the amended draft of the Frontier Health and Quarantine Law. Liang felt shocked initially, but the doubt soon vanished: there are many residential areas for foreigners in the subdistrict, as well as international schools, foreign enterprises and 21 consulates general in Shanghai.

"Quite a lot of people enter and exit China from Shanghai." Liang said.

As one of the first batch of LLOOs, the subdistrict felt pressure from the competition of its peers.

Compared with the legislative contact points at city level, a subdistrict has limited resources. Since 2022, the Hongqiao subdistrict office has strengthened its connection with 25 legislative contact points at city level to receive opinions from the public.

During the consultation, Liang noted that the residents are usually emotional when giving opinions and focus more on the actual result of the law. However, experts or legal workers in the subdistrict put more attention on the accuracy of words and whether the law can be implemented.

Who should the subdistrict office listen to, the public, or the experts or legal workers?

"It seems that the public has more weight." Liang said. In her opinion, the NPC Standing Committee will organize seminars with a large number of legal experts. At the grassroots level, public opinion is more important.

Across-the-board involvement

In some experts' opinion, an LLOO is the most important

form of whole-process people's democracy.

Tan Huosheng, deputy director of the School of Social Sciences at Tsinghua University, wrote an article to explain whole-process people's democracy. In his opinion, the "wholeness" means all people are involved in the process of democracy. In addition, the channel for vulnerable groups and the marginal population to involve themselves in democracy should be available constitutionally and fundamentally.

Additionally, the "wholeness" also needs to be found in democratic elections, democratic decision-making, democratic management and democratic supervision at national, local and grassroots level, which cover legislation, administration and social life.

In Feng's opinion, the whole-process people's democracy is not only seen in the work of the NPC, but also manifested in the work of the government, judicial system and the people's political consultative conference.

"Society is more complex, which requires highly specialized skills." Feng said. He used to give suggestions to the work of the CPPCC.

The understanding and feeling were also found in this year's two sessions, which refers to the annual gatherings of the NPC and

the CPPCC.

"I have a deep understanding of the whole-process people's democracy," said Liu Xiya, an NPC deputy from Chongqing, in an article published on her WeChat account on March 3.

From sending to ordering

As the introduction of whole-process people's democracy, the Legal Affairs Committee of the NPC Standing Committee further requires LLOOs "to extend their work from soliciting opinions during a legislation process to soliciting opinions before and after the process".

In September 2020, the Anti-Food Waste Law (Draft) had not yet been publicly consulted. The LLOO in Jianghai district of Jiangmen city, where Li Yanhua was working, received a research assignment on stopping food and beverage waste sent by the legal affairs committee.

The research outlined three issues: the status quo of food waste in the region, the practices, experiences and problems of preventing food waste in the region, as well as the opinions and suggestions on special legislative work to stop food and beverage waste.

Ultimately, the Jianghai LLOO accomplished a 15-page

research report containing more than 7000 words.

By institutional mechanism, according to Feng Yujun, LLOOs belong to the legislative system. However, fundamentally, they possess strong attributes of grassroots-level governance and democracy.

Sun Long, an associate professor of the National Academy of Development and Strategy at Renmin University of China, agreed and noted that legislation needs to follow three principles — scientific legislation, democratic legislation and legislation in accordance with the law. Building LLOOs is "mainly about following the principle of democratic legislation".

A task written in the report of the 20th CPC National Congress in 2022 was "improving the working mechanisms for drawing on public opinions and pooling the wisdom of the people, and ensuring that LLOOs are well run".

This was in the section on Advancing Whole-Process People's Democracy and Ensuring that the People Run the Country, rather than in the one of Exercising Law-Based Governance on All Fronts and Advancing the Rule of Law in China.

Until this moment, LLOOs were only in the Party documents.

In 2023, the amended legislative law clarified that the

working organs of the Standing Committee of the NPC should set up local legislative outreach offices in accordance with actual needs. According to Feng, drafting this into the law would be beneficial to legalize and standardize LLOOs.

After nearly a decade, many of LLOOs are now facing a common problem, namely, how to keep the people's enthusiasm for the national legislation and high participation all the time?

Li Yanhua is deeply concerned by the issue. The NPC Standing Committee issued the Foreign Sovereign Immunity Law (Draft) to collect opinions but with very few participants. Li found scholars from Sun Yat-sen University who proposed just over 20 suggestions.

The approach of Sanjiang county is posting proposers' photos, whose opinions and suggestions had been adopted after comparison and those who put forward proposals on the bulletin board at the local landmark square, a move to keep people's enthusiasm. Qiu Yangjun's acquaintance dragged his friend to the square to see his suggestions, saying "Look, I made the suggestion."

The NPC also made changes, from issuing orders to accepting orders from different regions.

Earlier in 2024, the NPC Standing Committee sent the

legislation plans to LLOOs, and the LLOOs chose from the plans to solicit opinions according to the region's reality.

According to Qiu, the move will be more targeted, "truly encouraging people to participate in the legislation".

Many interviewees said that the NPC Standing Committee has not introduced a mechanism in assessing the work by the LLOOs, such as opinions and suggestions reported and adopted.

In Qiu's words, in remote areas like Sanjiang county, it is more important to practice whole-process people's democracy, "rather than falling into a competition over the number of opinions solicited and adopted".

He said that Sanjiang county has compiled the Medium and Long Term Development Plan for Local Legislative Outreach Offices.

The next move will be to build a platform for ethnic minority people in six counties from provincial-level regions including Guangxi, Hunan and Yunnan to express their demands and reflect public opinions. At the same time, local authorities will expand the regional collaboration. Based on serving national legislation, they will expand the collaboration to matters such as supervision by local people's congress, popularization and enforcement of laws, and grassroots-level governance. Thus, regional

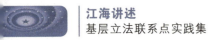
collaborative legislation can be deployed and promoted in the same way as the regional development.

In Qiu's view, LLOOs reach remote areas such as Sanjiang county, connecting the last kilometer of the implementation of whole-process people's democracy.

大事记

2015 年

● 5 月，江海区人大常委会被确立为江门市人大常委会基层立法联系点。

● 11 月，江海区人大常委会被确立为广东省人大常委会基层立法联系点，江海区江翠社区和广东大冶摩托车技术有限公司被确立为广东省人大常委会基层立法联络单位。

2016 年

● 4 月，时任广东省人大常委会副主任张广宁到江海区开展立法需求社情民意调研。

2017 年

● 5 月，时任广东省人大常委会委员、机关巡视员李焕新到江海区调研基层立法联系点工作并就律师法听取基层群众意见。

● 8 月，时任广东省人大常委会法工委主任王波到江海调研省人大常委会立法联络单位江翠社区和广东大冶摩托车技术有限公司。

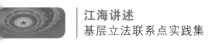

2018 年

● 12 月，时任全国人大常委会法工委办公室副主任喻世红前来江海调研基层立法联系点工作。

2019 年

● 12 月，时任全国人大常委会法工委办公室主任孙镇平前来调研江海区人大常委会基层立法联系点工作，考察广东省首家国家级基层立法联系点设立在江海的必要性和可行性。

2020 年

● 7 月，江海区人大常委会被确立为全国人大常委会法工委基层立法联系点，升级为全省首家"国家级"联系点。

● 8 月，中共中央政治局常委、中央纪律检查委员会书记（时任中共中央政治局委员、广东省委书记）李希作出重要批示：加强对江海区人大常委会的指导支持，并以此为契机深入推进科学立法、民主立法，不断提高广东省立法工作质量效率，为全国地方立法工作创造更多广东经验，作出广东贡献。

● 8 月，时任广东省人大常委会主任李玉妹召开支持和推动江海区做好基层立法联系点工作座谈会，指出要切实推广江门的经验带动全省基层立法联系点工作。

● 8 月，全国人大常委会法工委江海基层立法联系点启动工作座谈会在江海区举行，全国人大常委会法工委主任沈春耀出席会议，并向江海区人大常委会颁发牌匾。

● 8 月，江海区人大常委会与江门市委依法治市办签订合作协议，江门市司法局与立法联系单位江翠社区签订合作协议，就立法工作开展市区联动。

● 9 月，江海基层立法联系点开展设点后首次活动——制止餐饮浪费立法调研，群众广泛参与，积极建言献策，取得了良好的开局效果。

● 10 月，江海区基层立法联系点领导小组召开第一次会议，会议要求领导小组成员单位要树立工作"一盘棋"思想，各负其责，增进沟通，加强联动，共同擦亮江海基层立法联系点的"国字号"招牌。

● 11 月，江门市委在江海区召开推进江海基层立法联系点建设工作会议，提出要把基层立法联系点工作作为一项重要政治任务抓紧抓实，立足全省、粤港澳大湾区，以打造"四个典范"为目标，争创全国一流。

2021 年

● 5 月，江海区人大常委会赴北京向全国人大常委会法工委汇报基层立法联系点建设情况，时任全国人大宪法和法律委员会主任委员李飞出席会议。

● 9 月，江海法治广场和基层立法联系点活动中心落成启用，全省基层立法联系点工作交流会暨"法治广场"揭牌仪式

在江海举行。

● 11 月，江门市人大系统践行全过程人民民主研讨会暨江门人大全过程人民民主实践基地授牌仪式在江海举行，江海区人大常委会被确立为江门人大全过程人民民主实践基地。

● 12 月，江门市宪法宣传周启动仪式暨基层立法联系点一周年图片巡展在江海法治广场举行。

● 12 月，江海基层立法联系点立法联系单位江门市侨商总会、英南村被确立为广东省人大常委会立法联络单位。

2022 年

● 1 月，江海基层立法联系点召开立法信息员座谈会暨荣誉证书颁发仪式，对提出立法意见被采纳者给予表彰，鼓励其再接再厉，积极参与立法意见征询。

● 2 月，广东省人大常委会主任黄楚平到江海考察调研，充分肯定江海基层立法联系点工作成效，并提出要继续推进江海基层立法联系点建设，切实打造成全过程参与立法的重要阵地、发挥人大代表作用的重要平台和讲好民主法治故事的重要窗口，推动江海基层立法联系点工作再上新台阶。

● 4 月，江海区人大常委会与江门市归国华侨联合会签订合作协议，就涉侨立法联系工作开展合作，积极为华侨华人参与立法提供便利渠道。

● 6 月，江海区人大常委会受邀参加 2022 年度全国人大常

委会法工委地方立法培训班，并以《基层立法联系点是发展全
过程人民民主的生动实践——广东江海推进基层立法联系点工
作的探索与启示》为题作授课分享。

● 7月，江海基层立法联系点召开立法联系咨询专家座谈
会暨聘书颁发仪式，聘请100余名各行业高层次人才加入基层
立法联系工作智囊团。

● 12月，全国人大常委会法工委发言人召开记者会，首次
具名回应社会公众意见，江海基层立法联系点对野生动物保护
法（修订草案）提出的意见获得具名回应。

2023 年

● 3月，江海区人大常委会与广东省总工会签订合作框架
协议，并挂牌成为广东省总工会立法调研与普法宣传基地，探
索创新职工群众参与立法工作的运行机制。

● 4月，举行中共江门市委党校（江门行政学院）现场教
学点——江海基层立法联系点、立法联系单位英南村揭牌仪
式，助力干部教育培训高质量发展。

● 4月，非洲八国英语国家议员研讨班到江海基层立法联
系点参观访问，这是江海基层立法联系点首次接待外访团。

● 5月，全国人大常委会副委员长、农工党中央主席何维
率调研组到江门开展考察调研，充分肯定了江海基层立法联系
点取得的成效，并指出要突出侨乡特色，团结引导华侨华人积

极参与立法建议征集，把江海基层立法联系点建设成为对外宣传展示的重要窗口，讲好人大故事、民主故事、立法故事，鲜活展示我国全过程人民民主丰富多彩的实现形式和生动实践。

● 6月，香港特别行政区第十四届全国人大代表调研组到江海基层立法联系点参观考察，了解全过程人民民主的江海实践。

● 6月，斐济议会副议长奎里奎里塔布阿率斐济议会代表团到江海基层立法联系点考察交流，并向江海基层立法联系点赠送纪念品斐济木雕。

● 7月，江海基层立法联系点以综合考核第一名的成绩入选江门市第二届"十大法治惠民实事项目"。

● 8月，举行江海基层立法联系点高质量发展座谈会，总结设立三周年经验，表彰积极参与立法群众，并与江门市中级人民法院、江门市人民检察院、江门市侨务局、深圳国际仲裁院江门中心签订合作共建协议。

● 9月，江海基层立法联系点受邀参加全省基层立法联系点工作交流会并作经验介绍发言。

● 11月，江海基层立法联系点受邀参加全国人大常委会法工委基层立法联系点工作交流会并作经验介绍发言，接受人民日报、新华社、中央电视台等主流媒体采访。

● 11月，全省律师参与立法工作能力提升培训班暨经验交流会在江海基层立法联系点举行，江海区人大常委会与广东省律师协会签订合作协议，为基层立法联系点建设与地方立法工作注入专业力量。

● 12 月，江海基层立法联系点邀请来自乡村、社区、学校、企业、军营等群众代表与全国人大常委会法工委宪法室青年理论学习小组举行"宪法在身边·走进江海"线上宪法宣传活动，深入学习宪法知识，大力弘扬宪法精神。

● 12 月，中央电视台社会与法频道年终特别节目《中国之治 2023》聚焦江海基层立法联系点工作，作出专题报道。

2024 年

● 1 月，江海区人大常委会先后与北京盈科（广州）律师事务所、中山大学法学院、广东省公证协会签订合作协议，进一步拓展立法意见征询网络。

● 2 月，全国人大常委会发布《2023 年全国人大及其常委会加强和创新宪法实施情况报告》，江海基层立法联系点宪法宣传工作被写入报告。

● 3 月，江海基层立法联系点召开传达学习全国"两会"精神暨代表法调研座谈会，国家、省、市、区四级人大代表深入学习贯彻全国"两会"精神并围绕代表法积极提出修改意见。

奋楫争先　守正创新

奋力描绘新时代全过程人民民主的"岭南画卷"

——江海"国字号"基层立法联系点创新实践综述

2015 年 5 月和 11 月，江海区人大常委会先后被确立为江门市和广东省人大常委会基层立法联系点。2020 年 7 月，江海区人大常委会成为广东省首家全国人大常委会法工委基层立法联系点。江海基层立法联系点设立近十年来特别是升级为"国字号"以来，始终坚持以习近平新时代中国特色社会主义思想为指引，深入学习贯彻习近平法治思想、习近平总书记关于坚持和完善人民代表大会制度的重要思想，积极践行和发展全过程人民民主重大理念，按照全国人大常委会法工委和省、市、区各级领导的指示要求，坚持以发挥"三项重要职能"①、建设"四个点"②、

---

① "三项重要职能"是指：全过程参与立法的重要阵地、发挥人大代表作用的重要平台、讲好民主法治故事的重要窗口。
② "四个点"是指：习近平新时代中国特色社会主义思想的宣传点、人民代表大会制度的实践点、科学民主立法的运行点、法律法规的普及点。

打造"四个基层典范"①、完成"五项使命任务"②为目标，深度融入江门市"六大工程"③建设和高质量发展任务，创新推进基层立法联系点建设各项工作，不断擦亮"贴近港澳、亲近华侨、联通海外"的独特品牌，为奋力描绘新时代全过程人民民主的"岭南画卷"提供了鲜活样本。

一、提高政治站位，加强思想引领

加强理论武装，深入践行全过程人民民主。在新时代波澜壮阔的治国理政实践中，习近平总书记深刻把握我国民主政治的发展规律和人民民主的本质特征，创造性提出全过程人民民主重大理念，成为我国新时代民主政治实践特征的全景式概括和科学性总结。江海基层立法联系点始终坚持以人民为中心的发展思想、践行和发展全过程人民民主，持续健全完善人民群众有序参与立法的程序机制，努力搭建江门干部群众与最高国家立法机关之间的"直通车"，在基层坚持好、完善好、运行

① "四个基层典范"是指：坚持好、完善好、运行好人民代表大会制度的基层典范；保证宪法实施、体现"一点两地"三法域区域特点的基层典范；接地气、聚民智、全过程践行科学民主立法的基层典范；积极宣传社会主义民主政治和全面依法治国的基层典范。

② "五项使命任务"是指：贯彻全过程人民民主重大理念；融入全区、全市、大湾区高质量发展任务；服务江门"侨都赋能""港澳融合"工程建设；助推基层社会治理创新探索；促进江海人大工作提质增效。

③ 江门市"六大工程"是指：科技引领、工业振兴、园区再造、人才倍增、港澳融合、侨都赋能。

好人民代表大会制度，助力推进基层治理体系和治理能力现代化。在全市上下深入学习贯彻党的二十大精神和习近平总书记视察广东重要讲话重要指示精神、奋战"百千万工程"、推进高质量发展、因地制宜发展新质生产力的热潮中，江海基层立法联系点按照市委、区委统一部署，第一时间召集立法联系单位座谈交流，及时传达学习、跟进宣传贯彻相关重要会议和讲话精神，加强理论培训、提升业务水平、振奋担当精神，把坚定拥护"两个确立"、坚决做到"两个维护"真正落实到推进新时代科学立法、民主立法的实际行动中来。

牢记殷切嘱托，确保立法"直通车"行稳致远。全国人大常委会法工委和广东省人大常委会高度重视江海基层立法联系点建设，何维、沈春耀、黄楚平、黄宁生、许安标、武增、王瑞贺、孙镇平、谭玲等领导同志先后亲临江海考察指导。江门市委书记，市人大常委会党组书记、主任陈岸明组织市人大常委会及专门委员会组成人员到法治广场开展宪法宣誓活动，明确指示将江海基层立法联系点确立为市委党校系统现场教学点，并在市人大常委会党组第二十三次（扩大）会议上明确要求"动员全市资源，强化对江海区全国基层立法联系点的立法计划、意见征求等各环节的指导"，为基层立法联系点建设提供了坚强政治保证。市人大常委会对江海基层立法联系点给予大力支持，印发《江门市人大常委会支持和推动江海区人大常委会做好全国人大常委会法工委基层立法联系点工作规定（试行）》《江门市人大常委会关于进一步加强基层立法联系点建设的实施意见》，市人大常委会党组副书记、副主任易中强，副主任钟军多次到立法联系点开展调研，悉心指导有关工作。江海区委、区政府将基层立法联系点建设写入全区"十四五"发展规划，印发《江海区推进全国人大常委会法工委基层立法联系点建设实施方案》，江海区委主要领导多次实地考察立法联系点建设情况，协调解决困难问题。仅 2022 年6 月以来，各级领导先后对江海基层立法联系点建设作出十余次指示批示。在各级各部门关怀指导下，基层立法联系点活动中心、法治广场、人大代表联络中心相继落成，软硬件设施实现系统集成，职能作用由"立法中"向"立法前""立法后"延伸，成为服务于"参与立法、监督执法、普法守法、社会共治"的"建言站、直通车、助推器、宣传台"，为全区乃至全市实践和发展全过程人民民主提供了坚实阵地和有效平台。

聚焦主责主业，推进立法意见征集提质增效。江海基层立法联系点精心谋划和不断完善立法意见征集工作流程，开拓创新调研、论证、民主议事、在线收集等征听渠道，加强"群言群语"与"法言法语"翻译转换，客观全面了解、最大限度收集、原汁原味反映来自江海基层的群众意见。截至 2024 年 4月，共完成 87 项立法意见征集任务，累计整理上报 1933 条，获采纳 218 条。其中，共 68 个已审议通过的立法项目共上报意见 1293 条，获采纳 218 条，对正在审议的 19 个立法项目共上报意见 640 条。先后围绕制止餐饮浪费、侨捐物资管理、爱国主义教育、粮食安全保障等课题开展专题调研，高质量完成多篇专题调研报告，在全国人大常委会法工委刊发 24 篇工作简报。其中，《提高站位凝心聚力书写基层立法联系工作新篇章——江海"国字号"基层立法联系点挂牌"百日记"》《厚植爱国主义法治根基　为民族复兴伟业培根铸魂——关于江海基层立法联系点举行爱国主义教育法立法调研座谈会情况的报告》《当好全过程人民民主的实践者与传播者——江海基层立法联系点成功接待非洲英语国家议员到访》等被刊印在《法制工作简报》上，多篇简报先后被印发全国和广东省人大常委会法工委系统参阅学习。纪念"八二宪法"公布施行 40 周年纪念文章《侨都江门的宪法记忆》《中华人民共和国科学技术进步法（修订草案）》《中华人民共和国农产品质量安全法（修订草案）》的意见征集报告及有关调研报告等，先后得到全国人大常委会法工委领导同志的批示肯定。

二、夯实履职阵地，健全运行机制

加强阵地建设，形成联系基层群众"新地标"。为进一步拓展立法联系点制度功能，便利四级人大代表履职交流和人民群众密切参与立法工作，江海区人大常委会经研究并报区委同意，加大投入建设，升级改造江海区人大代表联络中心，贯通了基层立法联系点活动中心与人大代表联络中心、法治广场的物理空间，实现了立法意见征集、代表履职服务和法治宣传教育各环节的功能耦合。人大代表联络中心的主基调体现习近平总书记"江山就是人民，人民就是江山"的经典论述，整体布局充分考虑并融入"全过程人民民主"重大理念，设有接待、展示、学习、办公、会议等服务人大代表和人民群众的多功能区域，对习近平总书记重要论述、江海四级人大代表履职风采、人大代表联络站分布情况等作了上墙展示，实现了有牌匾、有人员、有支持、有场所、有设施、有制度的"六有"标准化建设。人大代表联络中心开通运行以来，各项功能发挥协调顺畅，得到四级人大代表、广大人民群众和来访客人的高度评价，正努力打造成为推动人大常委会密切联系代表、代表密切联系群众的桥梁纽带，开展代表履职培训、提升代表素质能力的重要载体，代表闭会期间落实人大常委会监督计划的履职阵地，展示代表风采、开展普法教育的宣传平台。

拓宽联系网络，扩大社情民意征集"朋友圈"。江海基层立法联系点坚持立法意见征集每开展一次，立法联系网络就向前开拓一步，不断扩大立法征询对象覆盖面，发掘了一批具有较强建言议政能力的群众代表，进一步充实了涵盖社会各领域、各行业、各层次的立法联络单位和咨询专家库，丰富和延展了收集社情民意的"神经网络"。充分挖掘侨都特色立法资源，与江门市侨联、江门市侨务局签订合作协议，加强与港澳江门同乡会、海外侨团和留学生组织的联系，推动港澳同胞、海外侨胞参与国内立法的积极性稳步提升。与广东省总工会、省律师协会、省公证协会、江门市委依法治市办、市中级人民法院、市人民检察院、深圳国际仲裁院江门中心、市法学会等建立合作关系，共享市人大常委会、市政府立法联系资源，实现立法、司法、执法、普法、高端法律服务等各环节的全市联动。积极推进立法联系触角向珠三角、大湾区延伸，先后与中国人民大学、中山大学、暨南大学、华南理工大学等国内知名高校进行共建，与广州市中级人民法院等司法机关，北京德恒（深圳）律师事务所、北京盈科（广州）律师事务所等法律服务机构及多位在粤港澳大湾区执业的港澳律师开展立法咨询合作。截至 2024 年 4 月，共设立 59 家立法联系单位，建立由 121 名学者和专业人士组成的立法联系咨询专家库，组建由 61 名立法联络员和 350 名信息员构成的立法联系工作队伍，构建了"扎根江海、立足江门、辐射广东、展望湾区"的工作网络。

完善制度机制，织密工作流程管理"全网络"。为确保工作质量的稳定输出，江海基层立法联系点将制度机制建设作为重中之重，从征集立法意见的基本职能、拓展联系网络的组织职能、深化监督实效的监督职能、保障代表履职的服务职能、挖掘民主故事的宣传职能、推进自身建设的内控职能等六个方面入手，对立法信息采集流程、会议培训组织管理、联系联络意见反馈等各项工作进行责任分解，健全完善相关制度规定体系。坚持以"阵地建设标准化，运行流程规范化，服务保障精细化，成果打造精品化"为总体要求，梳理改进工作流程，探索形成"草案收文—方案制定—意见征集—意见整理—材料撰写—报告审定—意见上报—材料归档"全过程有章可循、规范有序的"八步流程工作法"，建立健全"立法意见征集—归纳整理上报—采纳情况分析—征集对象反馈"的"四步工作信息闭环"。深度融入区人大常委会各项工作，形成与提升人大监督实效、发挥人大代表作用、推进街道人大建设、开展人大制度研究、推进备案审查工作、加强基层社会治理的"六个紧密结合"。建立立法联系点工作成果和运行情况的信息通报机制，健全重大事项、重要工作向区委和区人大常委会党组请示报告制度，积极构建"党委领导、人大主导、政府依托、各方参与"的基层立法联系工作格局。

三、挖掘侨都特色，赋能基层治理

立足侨乡定位，积极反映归侨侨眷、华侨华人和港澳同胞呼声诉求。江海基层立法联系点扎根五邑侨乡，将倾听归侨侨眷、华侨华人心声意愿，维护港澳同胞切身利益作为重要使命，紧密结合"侨都赋能""港澳融合"工程实施，开展了一系列调查研究和联络工作。针对江门籍华侨华人和港澳同胞的法律法规认知和工作生活需求开展问卷调查，就进一步收集侨胞意见建议、维护侨胞合法权益、密切与侨胞互动联系等撰写调研报告。将江门市"侨梦苑"核心区发展作为重要议题，协助区委组织召开专题工作座谈会，广纳各方意见建议，研究解决相关问题，为侨商侨资侨企营造良好发展环境。走访江门市侨联、侨商总会等部门，深入了解侨胞在外籍子女回国读书、身份证件便利化使用、社会保障权益享受、创新创业扶持帮助等方面的现实需求，整理汇总后向中央统战部和全国人大常委会有关部门作了反映。成功接待香港特别行政区第十四届全国人大代表集体考察调研，与十四届全国政协委员、香港特别行政区立法会议员何君尧，澳门特别行政区首位获准在江门市执业的大湾区律师江雪梅等建立常态化联系，就港澳开展爱国主义教育、增强青少年国家意识和爱国精神等课题进行深入交流并征求有关立法建议。邀请中美侨界青年交流行活动、香港江门五邑侨联联谊总会、香港恒生大学学生及友好社团代表到立法联系点访问座谈，鼓励海外和港澳青年来江门创业就业、生根落户，推动江门与华侨华人友谊不断深入发展。

立足基层方位，积极参与江门市域社会治理现代化建设。借助江门市打造国家市域社会治理现代化标杆城市的东风，江海基层立法联系点积极推动将立法联系工作融入基层社会治理，聚焦全区重点产业集群、重大创新平台、重大社会治理需求，借助"两中心一基地"①等市域社会治理平台建设的契机，梳理总结江海"智慧网格"建设、"信访超市＋外送服务"机制、科技赋能社会"智治"等先进经验，助力创建市域社会治理典型示范、法治政府示范城市、优秀法治惠民实事项目，实现了立法事项和社会治理的有机结合。总结推广外海街道"社会治理一条街"、江南街道江翠社区"社区议事会"、礼乐街道英南村"榕树下座谈"等典型经验做法，深入挖掘一批发生在群众身边的民主故事，通报表彰唐桐训、吴腾信、区凤莲、董淑猛等一批热心国家立法、积极建言献策的个人和单位代表，立体化呈现了全过程人民民主在江海的街道、社区、乡村各层次各领域的生动实践。充分发挥各级人大代表密切联系群众的优势，在全区各个代表联络站广泛组织代表开展接待群众活动，从立法前开展调研到立法中征求意见，再到立法后实施效果评估，全面征求群众意见，真正做到人民有所呼、立法有所应，有力增强了群众参与立法意见征集活动的积极性和主动性。

立足部门岗位，积极助推新时代人大工作高质量发展。江海区人大常委会将基层立法联系点建设作为坚持和完善人民代表大会制度的重要抓手，深度融入监督、代表、自身建设等各

---

① "两中心一基地"是指：国家政法智能化技术创新中心江门市市域社会治理孵化中心、江门市市域社会智慧治理技术创新中心、江门市市域社会智慧治理应用示范基地。

项工作，推动人大工作整体取得新突破、新成效。在基层立法联系点组织多方论证、广泛听取意见，梳理国家法律法规需要地方配套落实的制度规范，依法加强监督，推动人大行使重大事项决定权的科学化、法治化、民主化。首度借助基层立法联系点活动中心开展约见行政机关负责人、职能部门工作评议、满意度测评和代表建议办理沟通等活动，实现人大代表、市民群众参与监督活动的"零距离"。多次组织四级人大代表参加立法意见征集和相关调研活动，推进全区 17 间代表联络站的标准化、规范化、常态化建设，发动人大代表围绕社区环境整治、城市品质提升等民生事项搞视察、作调研、提建议，推动解决了一批"民生微实事"和"关键小事"，若干困扰群众多年的"急难愁盼"问题得到解决，有力提升群众的获得感、幸福感、安全感。牢牢把握"四个机关"定位要求，组织区人大常委会各工委到立法联系点开展主题党日、学习培训、专题研讨等活动，有效提升了人大业务工作质量和服务保障水平。

四、加强法治宣传，展示江海形象

以宪法为统领，深入开展法治宣传教育活动。统筹发挥基层立法联系点活动中心、人大代表联络中心和法治广场的宣教功能，通过组织论坛讲座、开展普法活动等形式，累计接待党员干部群众上万人次，成为全区乃至全市加强法治文化建设的重要阵地。推进市委党校现场教学工作规范化，综合运用 PPT

展示、案例教学、主题讨论等形式，深化对全过程人民民主重大理念的普及和认知。以法治广场为依托，制定实施江海区人大常委会年度法治宣传计划，与市区两级相关部门制度性联合开展"12·4"国家宪法日暨全市"宪法宣传周"活动。创新宪法宣传方式，在第十个国家宪法日让基层群众与全国人大常委会法工委宪法室同志连线共同学习宪法，事例入选全国人大及其常委会加强和创新宪法实施情况年度报告。常态化组织新入职公务员等进行宪法宣誓，举办基层立法联系点周年图片巡展、普法小游戏和有奖问答，吸引市民群众观摩和踊跃参与，在宣传宪法的同时提高了群众尊法、守法、学法、用法的意识。在开展立法意见征集时，充分运用村（居）黑板报、宣传栏等方式和微信公众号等新媒体，推进法律法规进机关、进学校、进社区、进乡村、进军营、进企业等，引导群众关注立法中的重要制度设计和事关切身利益的重点内容，有力提高了基层民主法治意识。

以交流为动力，切实加强地方立法互学互鉴。江海基层立法联系点活动中心开通以来，先后10次与全国人大常委会法工委进行"云上"视频连线，就专业法律问题开展集体研讨。承办广东省首次基层立法联系点工作交流会，努力打造展示中国式民主显著优越性和法治建设成就的亮丽名片，有效提升全省基层立法联系点工作整体水平。多次组织市、区、街道各相关部门和专业法律服务机构进行座谈，与多个专业协会党组织开展联学互访，围绕民生热点、治理痛点、法律盲点、执法堵点作深入交流讨论。先后赴上海虹桥、江苏昆山、甘肃临洮、广西三江、重庆沙坪坝、四川雅安等"国字号"基层立法联系点考察学习，累计接待全国各地各级来访团组 200 余批次。在 2022 年 6 月召开的全国人大常委会法工委地方立法培训班上，江海区人大常委会主任余志坚作为唯一的基层立法联系点代表作重点发言。在 2023 年 11 月全国首次基层立法联系点工作交流会上，余志坚主任被会议安排作为代表，与虹桥、昆山、东嘎"国字号"基层立法联系点一道接受中央主流媒体采访报道。

成立以来，江海基层立法联系点工作先后受到新华社、人民日报、光明日报、法治日报、南方日报、南方周末、羊城晚报、*China Daily*、大公报、中国人大、民主与法制、中国人大网、"学习强国"、中央电视台社会与法频道（CCTV12）、中国国际电视台（CGTN）、广东电视台等中央和地方主流媒体的报道共计 600 余次，有效提升了侨都民主政治建设的知名度和影响力。与江门日报社签订合作协议，全方位、多角度、深层次、经常化介绍立法意见征集的具体过程、宪法法律贯彻实施的有效做法、先进集体和个人的生动故事。通过 *China Daily*、中国国际电视台（CGTN）和广东新闻联播等媒体，推出一系列紧贴社区和乡村实际的中英文报道，生动呈现了江海民主治理成效，获得热烈舆论反响。成功接待由全国人大常委会办公厅与商务部联合举办的非洲英语国家议员研讨班，向来自博茨瓦纳、纳米比亚等 8 个国家的 21 名议员全面介绍了开展立法意见征集的情况，得到非洲客人的充分肯定和高度认可；成功接待斐济国会副议长奎里奎里塔布阿一行，在海内外有力传播了实践全过程人民民主、推进法治中国建设的江海声音、江海担当、江海风采。

回顾近年来的建设历程，我们深刻感受到，习近平新时代中国特色社会主义思想和党中央重大决策部署是江海基层立法联系点建设发展的根本遵循；全国人大常委会法工委，广东省委、省人大常委会，江门市委、市人大常委会，江海区委的坚强领导和重视支持，是江海基层立法联系点扎实推进各项工作、行稳致远的政治保障；全省、全市上下推进高质量发展和市域社会治理的生动实践是江海基层立法联系点开拓创新的不竭动力；江门市、江海区开放包容、与时俱进的新时代"侨都气质"是江海基层立法联系点奋楫争先的内在本质；全心全意为江门、大湾区、岭南大地的人民群众和血脉相连的华人华侨服务是江海基层立法联系点永远不变的初心使命。

对于出版总结全过程人民民主的基层工作实践，体现广东践行全过程人民民主省域样板的基层立法联系点实绩，真实反映基层人大的日常工作、群众的平常感受方面的书籍，江门市人大常委会、江海区人大常委会都是首次，没有先例可循。对于本书的编写和出版，江门市委书记，市人大常委会党组书记、主任陈岸明多次作出指示，提出要求，了解工作进展，给予勉励和支持。江门市人大常委会党组副书记、副主任易中强亲自推动，明晰任务，督促任务落实，为我们攻坚克难并最终完成任务奠定了坚实基础。江门市人大常委会副主任钟军全过程参与本书从主题确定到定稿出版工作，多次牵头研究书籍立意、结构和难点，把脉方向，推敲内容，解决出版方面存在的问题，毫无保留地给予工作上的全方位指导和支持。江门市人大常委会法工委的全体同志对于本书的编写和校审给予了重要的支持和帮助。江海区人大常委会用心用情开展工作，历时两年收集素材、组织编写、进行审校，认真总结工作经验，归集工作成果。其中，余志坚、李敏、黄星、李国和、李志浩、陈国纯、区用、林壮强、陈颖玲、谭有禄、邢玉生、吴光心、杨望贤、吕素敏、黄毅东、李艳华、黄颖茵、唐梦、曾梓欣、周雅平、陈晓岚、曾令昌、李君兰、赵淑君、李佩婷等同志，为本书的出版作了许多努力和贡献。江门日报社李雨溪、陈婵、何榕等同志负责本书从采编到联系出版的大量工作，付出了很多辛劳。中国民主法制出版社的张霞编辑为本书最终付梓发挥了关键作用。至此，向以上领导和同志致以由衷的感谢。

　　由于水平有限，加之时间仓促，书中难免有不足之处，恳请广大读者批评指正。

本书编辑组

2024 年 5 月